AF453005

LA SUCRERIE

à

L'EXPOSITION UNIVERSELLE DE 1900

COURBEVOIE

IMPRIMERIE E. BERNARD ET CIE

14, RUE DE LA STATION, 14

BUREAUX A PARIS 29, QUAI DES GRANDS-AUGUSTINS

LA SUCRERIE

à

L'EXPOSITION UNIVERSELLE DE 1900

PAR

P. HORSIN-DÉON

INGÉNIEUR-CHIMISTE

PARIS

E. BERNARD ET Cie, IMPRIMEURS-ÉDITEURS

29, Quai des Grands-Augustins, 29

—

1902

COURBEVOIE

IMPRIMERIE E. BERNARD ET CIE

14, RUE DE LA STATION, 14

BUREAUX A PARIS 29, QUAI DES GRANDS-AUGUSTINS

LA SUCRERIE

à

L'EXPOSITION UNIVERSELLE DE 1900

PAR

P. HORSIN-DÉON

INGÉNIEUR-CHIMISTE

PARIS

E. BERNARD ET Cie, IMPRIMEURS-ÉDITEURS

29, Quai des Grands-Augustins, 29

—

1902

LA SUCRERIE

à

L'EXPOSITION UNIVERSELLE DE 1900

PAR

P. HORSIN-DÉON

INGÉNIEUR-CHIMISTE

AVANT-PROPOS

Depuis 1889 les sucreries ont subi des transformations importantes dans tous les pays du monde, aussi bien dans les contrées où l'on cultive la canne que dans celles où la betterave est la matière première de notre industrie. Aussi l'Exposition de 1900 ne ressemble-t-elle en rien à celle de 1889. Non seulement la forme de beaucoup d'appareils a changé, mais des engins nouveaux ont surgi, dont la plupart sont sanctionnés par l'usage courant dans les usines.

C'est ainsi que l'évaporation à nombreux effets multiples, dont beaucoup se méfiaient encore en 1889, et qui n'était représentée à l'Exposition d'alors que par un petit modèle créé par les protagonistes de cette invention, se rencontre cette année, non seulement à l'état d'appareils en grandeur d'exécution, mais encore sous les différentes formes qu'on lui donne dans les pays où elle est la plus perfectionnée.

Mais c'est surtout à partir de la cuite en grains des sirops que le matériel de nos sucreries s'est le plus transformé. Aujourd'hui la fin du travail a changé complètement d'allure, depuis que la cuite méthodique et la cristallisation en mouvement sont venues se substituer dans beaucoup d'usines aux antiques emplis, et nous rencontrons à l'Exposition tous les éléments nécessaires pour décrire cette nouvelle méthode de travail.

Et où rencontrons-nous tous ces modèles perfectionnés ? — Dans l'Exposition française !

Cette année c'est la France qui a fait à elle seule tous les frais de l'Exposition du matériel de sucrerie. C'est la France qui nous fait connaître tous les progrès réalisés.

Ceci montre, et nous sommes fiers de le dire, que la France non seulement s'est mise au courant de tous les derniers progrès en sucrerie, mais encore qu'elle s'y est mise au premier rang.

Rendons cependant justice à l'Autriche. Les constructeurs autrichiens de Bohême, toujours à la piste des nouveautés, toujours à la tête du mouvement, n'ont malheureusement pas exposé. Mais nous retrouvons, dans l'Exposition du matériel enseignant de l'Ecole sucrière de Prague, des spécimens en petit de leurs principaux appareils de sucrerie, et nous aurons le plaisir de pouvoir parler de ce pays vraiment novateur, et de citer quelques-unes des machines qu'il a mises au jour pour le grand bienfait de l'industrie sucrière.

Les Pays-Bas, aussi, nous ont montré dans leur Exposition qu'ils sont de vrais constructeurs d'appareils de sucrerie. Mais à part cela, sauf une belle chaudière à cuire venue de Russie, tous les autres pays constructeurs se sont absolument abstenus.

Nous ne nous en plaignons pas. Une longue pratique nous a appris que, pour la perfection dans la construction des machines de sucrerie, c'est la France qui tient résolument la tête. Si les autres pays se sont abstenus, nous savons pertinemment que, sauf pour la Hollande, leurs appareils ne sauraient soutenir la concurrence avec les nôtres. Leur abstention le confirme.

Sans doute nous aurions appris quelque chose de nouveau dans la conception des détails, car il y a toujours de bonnes choses à glaner même dans un matériel de second ordre. Mais au moins le monde verra où est le beau et le bien ; car les fabricants de tous pays, familiarisés avec la vue de leurs machines de sucrerie, reconnaîtront facilement que l'Exposition française est au-dessus de tout ce qu'ils ont l'habitude d'avoir sous leurs yeux.

C'est donc à bon droit que nous sommes heureux de la grande extension que nos constructeurs ont donnée à leurs installations. Nous regrettons vivement cependant que l'emplacement leur ait été marchandé avec tant de parcimonie à l'avantage de quelques joujoux en carton-pâte dont on s'est plu d'encombrer notre belle galerie de l'alimentation, comme si l'on avait tenu à cœur de masquer l'œuvre de nos ingénieurs, œuvre féconde dans le progrès et qui fait la gloire de notre pays.

SUCRERIE DE BETTERAVE

La Betterave (classe 39).

Nous trouvons à l'Exposition la betterave représentée par une quantité considérable d'échantillons. Sa culture y fait l'objet de nombreuses études, surtout au point de vue des engrais.

Les ennemis de la précieuse racine sont examinés avec soin par quelques physiologistes, surtout dans la belle collection que nous trouvons dans l'Exposition du Laboratoire de la Station expérimentale de la Société centrale pour l'industrie sucrière de Prague.

Nous avons là tous les éléments d'une étude intéressante de la betterave, et nous pouvons dire que, sous ce rapport, l'Exposition de 1900 est beaucoup plus riche que ses devancières. Chose remarquable, nous ferons la même observation au point de vue de la canne à sucre.

Cela tient aux progrès même de la fabrication depuis vingt ans, à la somme considérable de recherches à laquelle elle a donné lieu dans ce laps de temps, aux hommes éminents qui se sont adonnés à ces recherches dans tous les pays, à l'émulation même que la publication de ces recherches a fait naître entre tous les gens érudits.

La betterave et ses maladies, ses aliments et ses ennemis sont maintenant bien connus, et nos agronomes ont pu faire une ample moisson de renseignements dans toutes ces collections qui ont été mises ainsi sous leurs yeux pendant de longs mois.

Culture de la betterave

En 1889, dans notre étude sur la culture de la betterave telle qu'elle était représentée à l'Exposition, nous avons dû traiter tous les problèmes qu'elle présente pour arriver à avoir à l'hectare rendement en poids et en sucre. C'est que l'Exposition de 1889 était tellement rapprochée du changement de législation qui régit maintenant la France, c'est-à-dire de la loi Méline de 1884, que savants et cultivateurs français avaient dû faire des prodiges de travail pour arriver à produire en si peu de temps de la betterave au moins égale à celle que l'on récolte en Allemagne.

Aujourd'hui la culture de la bonne betterave est courante, et les spécimens de l'Exposition de 1889 qui paraissaient extraordinaires, sont maintenant les betteraves moyennes présentées dans l'Exposition de 1900.

D'ailleurs, en parcourant la classe 39, on remarque que les espèces de betteraves exposées portent très souvent des noms d'origine allemande.

En effet, si l'on se reporte à l'histoire de la génération de la betterave riche, on doit se rappeler que c'est à L. de Vilmorin que l'on doit les premières espèces de betteraves sucrières vraiment riches en sucre.

La betterave Vilmorin implantée en Allemagne, et cultivée en grand, donna naissance à des espèces très rustiques telles que les Klein Vanleben et les Dippe. Et ce sont ces espèces qui nous reviennent maintenant en France, bien acclimatées et donnant de belles récoltes satisfaisant cultivateurs et fabricants. Nos fabricants de graine les reproduisent parfaitement en France et leur conservent leurs noms, car elles représentent des variétés caractérisées et répondant aux besoins de la culture.

En 1889, nous avions fait remarquer l'importance qu'avaient prise les stations agronomiques et les syndicats agricoles pour l'obtention de la betterave telle qu'elle convient à la sucrerie et à l'agriculture. Nous devons reconnaître que ces institutions ont admirablement progressé ; en 1900 nous les retrouvons vivaces et tellement influentes, que les expositions particulières sont rares, chacun, cultivateurs et fabricants, ayant tenu à figurer dans le groupe auquel il appartient, comice agricole, fédération ou syndicat agricole, société d'agriculture, etc. Cette solidarité est de bon augure, car le progrès est bien plus le fait des efforts d'une collectivité que de ceux d'un individu isolé dont les ressources ne peuvent égaler celles de réunions nombreuses et de bonne entente.

Nous allons passer en revue les expositions de la classe 39, dont quelques-unes sont absolument remarquables.

La première que nous rencontrions dans la galerie c'est la *Fédération des Sociétés agricoles du Pas-de-Calais*. Cette exposition est une des plus importantes. Nous y voyons figurer des noms honorablement connus parmi les agriculteurs qui ont réuni leurs produits sous l'égide de la Fédération, comme ceux de MM. Stoclin de Sainte-Marie Kerque, Marclef, Laforcade, Gorain, Caron, Wirquin, Cambier de Pont-à-Vendin, Rubin, et aussi l'Ecole pratique de Berthouval.

A côté de tous les produits que fournit la culture raisonnée du Pas-de-Calais, nous trouvons dans des bocaux nombreux des betteraves conservées dans un liquide antiseptique, et, au-dessus, des pancartes qui nous donnent l'analyse moyenne de ces betteraves et leur rendement à l'hectare, avec, indiquée, la provenance de la graine, et c'est là une leçon de choses fort instructive, puisque ces échantillons nous montrent ce que l'on peut faire en bonne culture, avec engrais appropriés.

Voici quelques-unes des betteraves exposées.

	Densité du jus	Sucre 0/0 de jus	Rendement à l'hectare
Graine Desprez	7,8	17,85	33 000 kg.
— Legras	8,3	19	31 000 »
— Otto Brenstedt . . .	7,8	17,95	37 000 »
— Fouquier d'Herouel. .	8,4	19,4	31 800 »
— Bosquelle.	6,5	13,9	55 000 »
— Schreiber.	8,2	18,6	37 000 »
— Klein français . . .	8,1	18,25	32 000 »
— Simon Legrand. . .	8,3	19,1	36 000 »
— Dippe amélioré Ary. .		19,1	43 000 »
— Dippe.	8,4	19,3	38 000 »
— Carlier	8,7	20,31	35 300 »

Tous ces chiffres ne nous paraissent pas exagérés, car si nous recherchons dans les expositions particulières de quelques-uns des producteurs cités ici, nous retrouvons dans l'exposition de Desprez des betteraves à 8 et même 8,66 de densité de jus, dans celle de Legras des racines ayant jusqu'à 20 0/0 de sucre, etc.

A l'exception de la Bosquelle qui paraît être une betterave de distillerie, on voit que la moyenne du rendement à l'hectare de ces bonnes variétés est de 35 000 kg. à l'hectare avec une densité de 8.2 et une teneur en sucre de 18,9 0/0 du jus.

Nous avons vu souvent dans les bonnes terres et les bonnes années arriver à de pareils résultats, et le souhait des fabricants est de les voir toujours. C'est à Messieurs les cultivateurs à s'efforcer de s'approcher le plus possible de ce désidératum en soignant leurs cultures, leurs engrais appropriés aux terrains où pousse la betterave. Mais toutes les terres ne sont malheureusement pas aussi propices les unes que les autres. Seulement, par un choix raisonné de la graine, dont il existe tant d'espèces, on peut se rapprocher autant que possible des moyennes. C'est affaire aux fabricants, aux cultivateurs et aux comices agricoles de trouver graines et engrais propices à chaque espèce de terrain.

A côté de cette belle exposition, nous trouvons celle de M. Fouquier d'Hérouel dont l'exploitation comporte 286 hect. plantés en betteraves et 103 en porte-graines. Cette exposition originale, surmontée d'une gerbe de graines en pied, comporte toute l'histoire de la sélection de la betterave. Des photographies représentent les laboratoires à toutes les phases de l'analyse des betteraves-mères, ainsi que toutes les opérations de la culture depuis la plantation jusqu'à la cueillette de la graine. Des betteraves moulées, des bocaux remplis de graines et de tous les autres produits de la ferme, complètent l'ensemble instructif de cette exposition remarquable.

Puis vient le Comice agricole de Soissons, et en face l'exposition de Vilmorin-Andrieux, qui sont fort bien agencées toutes deux.

Le Syndicat agricole de Laon nous montre, outre des graines et des batteraves, les produits de la Sucrerie-Raffinerie de Liez.

Nous trouvons, au milieu de toutes, la très importante exposition de la Société des Agriculteurs du Nord, qui occupe une grande surface et se distingue par le nombre considérable de ses participants, parmi lesquels se trouve le *Syndicat des producteurs de graines de betteraves.*

C'est là qu'expose Florimond Desprez, dont la participation au groupe est fort importante. L. Brasseur, de Grandvillier, Davaine de Saint-Amand, Mouchon à Orchies, etc., etc. On trouve, dans les documents qui sont mis sous les yeux du public, des betteraves à 20 0/0 de sucre et des rendements de 40 000 kg. à l'hectare. Si les agriculteurs exposent de telles racines, c'est donc qu'ils peuvent les produire en obtenant les rendements qu'ils annoncent. On doit les en féliciter et espérer que la pratique journalière se rapprochera autant que possible des faits dont ils nous rendent les témoins. C'est même pour eux un engagement d'honneur de donner aux fabricants de sucre la belle racine qu'ils montrent dans cette exposition.

Une petite exposition intéressante est celle de la Station agronomique de Melun. Dans ces contrées, où la betterave n'est pas la culture dominante, des leçons de choses sont utiles aux cultivateurs. C'est ainsi que, pour leur instruction personnelle, on a moulé des spécimens de betteraves diverses, et, à côté, on a placé une série de bocaux contenant pour chacune la quantité de sucre contenue dans cette betterave, la quantité d'alcool qu'elles pourraient produire, la quantité d'engrais que chacune a consommé, etc.

La classe 39 contient enfin quelques expositions particulières de sucreries agricoles des plus remarquables.

M. Bouchon a exposé tous les produits de ses fermes, de sa sucrerie et de sa raffinerie de Nassandres (Eure). Ce sont ses beaux sucres de consommation, ses raffinés en lingots ou cassés en boîte que nous retrouverons à la classe 55. Puis ses blés, ses avoines et autres céréales ; enfin le lait et le beurre exquis que produisent ses fermes. L'élevage est aussi une des branches de cette exploitation agricole, et quelques photographies représentent des spécimens de ces animaux fort remarquables.

Ajoutons que c'est M. Bouchon, qui est le créateur de cette immense exploitation qui comprend aujourd'hui six fermes, 800 têtes de bétail, auxquels il faut ajouter nombre de porcs et de volailles. En disant de plus que la sucrerie de Nassandres est montée dans des conditions exceptionnelles et uniques au monde d'économie de la main-d'œuvre pour les transports et la manipulation des quantités considérables de betteraves qu'elle travaille, nous n'aurons rendu qu'un faible tribut à l'œuvre considérable que M. Bouchon a mise au jour, et aux services incontestables qu'il a rendus à l'agriculture dans sa région et à l'industrie sucrière tout entière.

La Société anonyme de Bourdon qui possède trois sucreries et des exploitations agricoles considérables, sous la direction intelligente et savante de M. Boire, nous montre dans sa vitrine des betteraves, des blés divers, du raffiné, du sucre de consommation de toute beauté et, entre autres, des cristaux de sucre énormes qui brillent comme des diamants dans une coupe de cristal.

M. Hélot, à Noyelles, a exposé des produits de sucrerie et de culture, blé, sarrazin, graines de betteraves, avoines, etc. Puis masses-cuites, sucres, mélasses ; enfin son beau livre de l'*Histoire du sucre de betterave de 1800 à 1900*. La littérature se joignant à l'agriculture et à l'industrie, montrent chez son auteur des aptitudes nombreuses qui expliquent l'importance prépondérante qu'il a prise parmi les fabricants de sa région.

Enfin, la Sucrerie de Mouchy-Lagache, qui a 500 hect. d'exploitation agricole, expose des flacons contenant des échantillons de chacun des lots de sucre qu'elle a vendus et qui sont des cristallisés d'un brillant et d'une qualité de grains remarquables.

En faisant une excursion dans la classe 38, nous trouvons encore des enseignements sur la culture de la betterave, exécutée ou encouragée par des sucreries. Car il ne suffit pas de prêcher d'exemple, il faut aussi aider les fermiers, surtout les petits, en leur facilitant l'achat des engrais, des graines, ou même en leur prêtant les instruments agricoles dont ils ont besoin et que leurs faibles moyens ne leur permettent pas d'acquérir. Beaucoup de sucreries font ainsi, ce qui permet à la petite culture de travailler dans de bonnes conditions.

La Sucrerie de Toury (Eure-et-Loir) sous la direction de son infatigable administrateur, M. A. Lambert, qui fonda l'usine en 1874-75, est un des exemples à citer sous ce rapport. Car, dans ce pays, la culture betteravière n'existait pas ; il a fallu la créer de toute pièce, faire des champs d'expérience, déterminer la nature des engrais favorables à la Beauce, etc. M. Lambert fit alors seul tout ce que font maintenant les syndicats agricoles. Il en est récompensé aujourd'hui non seulement par le bon fonctionnement de son usine qui, de toute petite, est devenue de premier ordre, mais aussi par la vue de son œuvre. En effet, il a complètement transformé ce pays naguère pauvre, aujourd'hui devenu une des plus riches contrées de son département. C'est là le plus bel éloge que l'on puisse faire d'un homme de bien.

Si nous recherchons ensuite la culture betteravière dans les Expositions étrangères, nous devons commencer par examiner celle de l'Autriche.

En effet, nous trouvons là toute l'histoire de la betterave, depuis sa naissance à l'état sauvage, et sa culture pour en faire une plante industrielle. Puis ses maladies, les insectes qui lui sont nuisibles, enfin son anatomie et ses propriétés végétatives. Rien n'est intéressant et instructif comme cette exhibition scientifique qui se complète par les instruments de laboratoire qui ont servi à faire ces études.

On doit à M. Proskovetz fils une série de photographies sur verre en positifs représentant la betterave sauvage et la betterave cultivée, des squelettes de betteraves montrant la disposition du ligneux dans les différentes variétés, des échantillons de racines conservées, etc. Tout cela représente une somme de travail considérable et un ensemble des plus curieux et des plus instructifs, et d'ailleurs admirablement présenté au public.

La *Section de physiologie végétale de la Station expérimentale de la Société centrale pour l'Industrie sucrière* a exposé une collection remarquable des maladies et des animaux nuisibles de la betterave. Dans des flacons scellés étaient renfermés des feuilles et des fragments de betteraves atteints de maladie, et conservés dans un liquide approprié. On y voyait les taches noires ou rousses des racines, les galles, les champignons divers qui croissent sur l'épiderme, les moisissures et pourritures de toutes sortes.

A côté de cela, les insectes et les vers qui attaquent les feuilles et les racines étaient réunis dans des cartons dans la position où on les trouve dans les champs, montrant les genres de dégâts que chacun commet. Tels étaient les divers genres de hannetons et leurs vers blancs, les taupins et leurs larves, les silphes, et les différents genres de charançons (cléonus) qui font de si grands ravages dans les champs de betteraves de Russie sous le nom de « joujki », etc. Puis les chenilles et leurs

Fig. 1.

papillons dont les espèces sont si nombreuses et si dangereuses, les myriapodes, enfin des parties de betteraves et des graines atteintes par les nématodes à leurs divers degrés de développement.

Le Dr Strohmer avait montré les appareils qui lui ont servi pour l'étude de la respiration des plantes et pour ses autres travaux. L'Exposition autrichienne, si coquette en sa forme, si artistique en ses détails, montrait donc aussi la science sucrière portée à son plus haut développement. Les objets que nous venons d'énumérer formaient un pylône où se rencontraient les recherches absolument scientifiques sur la betterave et sur les sucres. Un autre pylône était destiné à la science pratique du fabricant, tandis que les deux autres renfermaient des modèles d'appareil de sucrerie que nous citerons dans le courant de cette revue. Le tout était enfermé dans un coquet pavillon au centre duquel un groupe symbolique monumental, dû au ciseau du professeur Iohannès Benk, représentait la fortune apportée par la culture de la betterave à l'usine et aux champs (fig. 1) ; en un mot, charmante et brillante exposition.

Matériel propre à la Fabrication (Classe 55)

Sous cette rubrique nous allons examiner toutes les machines exposées dans la section de sucrerie.

Nous remarquons que les constructeurs ne nous ont montré aucun spécimen ayant trait au transport hydraulique, aux laveurs, et aux élévateurs de betteraves; par conséquent nous ne dirons rien de ce côté de la fabrication si intéressant, et qui cause parfois quelques soucis aux fabricants.

Nous ne prendrons donc la betterave qu'au moment où elle tombe dans l'appareil de pesage.

Ce pesage ne se fait plus qu'en France d'une façon absolue. A l'étranger on a parfois des bascules automatiques qui suffisent pour les besoins de contrôle intérieur de l'usine. Mais en France, la balance étant la base du prélèvement de l'impôt, ces instruments ont dû être accommodés aux exigences du fisc, exigences considérables, et qui font de la bascule de sucrerie un outil de précision cynématique remarquable.

Nous ne trouvons d'ailleurs ces balances représentées que dans une seule exposition, celle de M. Maguin, qui s'en est fait une telle spécialité que c'est de ses ateliers que sort la plus grande partie des bascules adoptées par nos fabricants.

BASCULES

Exposition des Etablissements A. Maguin à Charmes

Les bascules de sucrerie doivent avoir deux portes, une pour l'emplissage, une pour la vidange, mais de telle sorte que l'on ne puisse ouvrir l'une que quand l'autre est fermée et parfaitement assujettie. De plus la porte de vidange ne doit pouvoir s'ouvrir que lorsque le poids de betterave contenu dans la benne est exact, c'est-à-dire quand le fléau de la balance est parfaitement horizontal, attendu que, pour ouvrir, on doit pousser un verrou qui ne passe que quand l'horizontalité du fléau est obtenue. Ce verrou est sous la main de l'employé de la régie. Enfin l'ouverture de la porte de vidange doit faire marcher deux compteurs l'un visible à tous, l'autre fermé d'une façon opaque, ce second vérifiant le premier et étant fermé par une serrure dont l'employé de la régie a la clé.

La bascule exposée par la maison Maguin réalise toutes ces conditions.

De plus elle n'a pas de leviers pour faire toutes ces manœuvres, leviers qui sont parfois causes d'erreurs si on fait un faux mouvement et ces erreurs se traduisent toujours par une pesée marquée en trop au

Fig. 2.

compteur. Les leviers sont remplacés par un volant tournant, toujours dans le même sens, sans pouvoir aller en arrière. Des cames excentriques placées sur l'axe du volant provoquent l'ouverture et la fermeture

alternative des portes. Sur la fig. 2, R et C' sont les deux compteurs, C
la porte de chargement, D la porte de vidange actionnées toutes deux

Fig. 3.

par le volant E. Le levier que fait mouvoir l'employé de la régie pour
pousser le verrou est en N. Il permet alors la manœuvre du volant.

Nous voyons la même bascule dans la fig. 3 avec son élévateur, la benne intermédiaire où s'accumule la betterave au moment de la pesée pour éviter l'arrêt de l'élévateur et pour ne pas perdre de temps, c'est-à-dire tout ce qui concerne ce poste important de l'usine.

La bascule Maguin est d'une construction irréprochable et très rustique, comme tous les autres appareils qui sortent de cette maison et que nous décrirons dans ce rapport.

COUPE-RACINES ET COUTEAUX

Exposition des Etablissements A. Maguin

Les coupe-racines, tels que le petit modèle exposé par l'*Ecole polytechnique tchèque de Prague*, se composent d'un plateau horizontal tournant rapidement, sur lequel on fixe des couteaux. La betterave placée dans une trémie au-dessus du plateau vient au contact des couteaux qui la découpent en lanières ou cossettes.

Les conditions que doit remplir un coupe-racines sont de débiter beaucoup, de maintenir la betterave en place constante pour qu'elle ne change pas de position pendant le coupage, de manière à avoir de belles cossettes longues et toutes semblables, de ne pas demander trop de force motrice pour un débit donné.

Malheureusement les coupe-racines à plateaux ont un défaut inhérent à leur construction. Les couteaux étant placés suivant un rayon, ceux de l'extrémité du rayon ont une vitesse angulaire plus grande que ceux qui se rapprochent du centre. C'est pourquoi on a été amené à construire des coupe-racines à plateaux de grand diamètre. Mais alors une grande partie du plateau est sans objet, et l'appareil est encombrant et d'autant plus cher qu'il pèse davantage. De plus, on ne peut mettre qu'un nombre restreint de couteaux sur un plateau pour conserver assez de matière en vue de la solidité, ce qui fait que le débit est limité par la construction géométrique même de l'appareil.

M. Maguin a trouvé moyen d'obvier à ces inconvénients en changeant complètement le principe et la forme du coupe-racines.

Les couteaux, au lieu d'être sur un plateau, sont fixés sur la paroi intérieure d'un tambour dont l'axe de rotation est horizontal, et parallèlement à cet axe. — La betterave arrive au centre du tambour, et se trouve coincée contre une pièce en forme de virgule qui l'empêche complètement de changer de position pendant la coupe. De la sorte les couteaux sont tous parallèles entre eux et animés par conséquent d'une vitesse égale en tous leurs points, ils sont très rapprochés les uns des autres, et la betterave ne danse jamais sur les couteaux, même lorsque le coupe-racines n'est pas plein, toutes étant coupées également jusqu'à la dernière.

Cet appareil est une véritable nouveauté en sucrerie et figure pour la première fois dans une exposition.

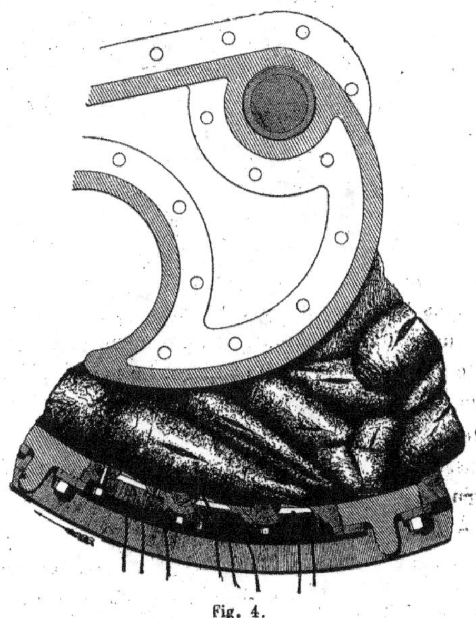

Fig. 4.

Le tambour a 1^m,200 de diamètre et 0^m,330 de largeur coupante intérieure.

Il y a 8 porte-couteaux qui sont munis chacun de six couteaux de 165 mm de longueur, montés par couple. Chaque couple de couteaux a une plaque de réglage dite instantanée, sur laquelle nous reviendrons plus loin. Il y a donc sur le pourtour du cylindre 24 couples de couteaux, ou 24 rangées parallèles de 2 couteaux.

La betterave est introduite par une trémie latérale, dont la partie la plus basse passe au-dessus de l'axe du tambour, c'est-à-dire à peu près à la hauteur du diamètre. Elle est entraînée immédiatement par le mouvement de rotation vers une section de plus en plus réduite formée par

une pièce rigide en fonte en forme de virgule (fig. 4). On voit qu'elle che-
mine ainsi parallèlement à elle-même jusqu'à la partie rétrécie, entraînée
par les couteaux, et ceux-ci étant très rapprochés la découpent en sui-

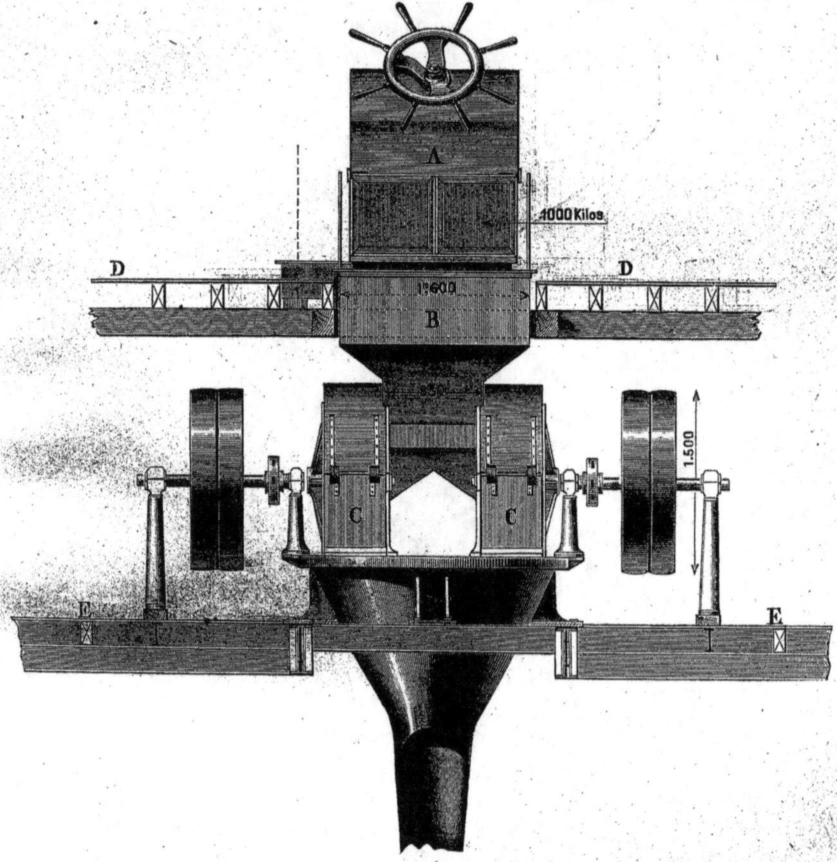

Fig. 5.

vant les mêmes faitières, et d'autant mieux qu'elle est maintenue
constamment dans sa position et pressée contre les couteaux par la partie
conique de la pièce en virgule.

L'appareil comporte encore quelques particularités intéressantes. A
l'extrémité de la pièce en virgule est ménagée une cavité formant

épierreur, dans laquelle viennent se loger les morceaux de betteraves et les corps durs qui pourraient être lancés dans le coupe-racines, pierres, boulons, etc. Dans cette cavité est une sorte de tiroir qui permet l'éva-

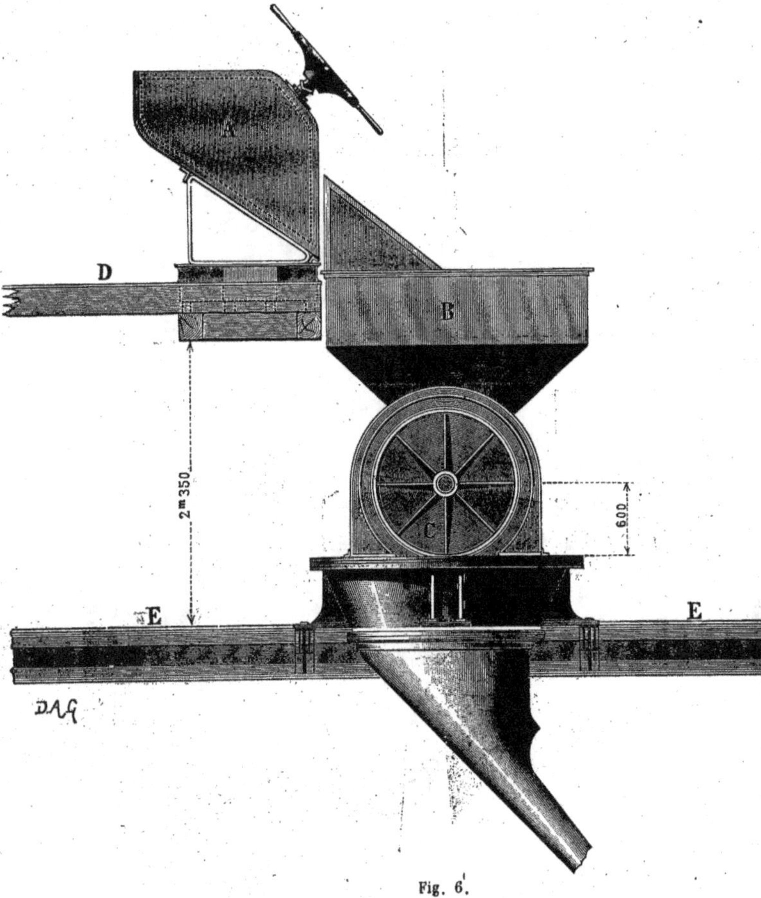

Fig. 6.

cuation rapide, et en marche, des objets qui y sont arrivés. Des broches faciles à poser et une porte de vidange inférieure, permettent d'enlever aisément les betteraves et corps volumineux qui se trouvent sous la pièce en virgule. Enfin le remplacement des porte-couteaux se fait aussi rapidement, et plus aisément que dans les autres coupe-racines.

Le tambour fait de 60 à 80 tours, et, suivant la vitesse de rotation, son travail est plus ou moins grand. A 60 tours, il débite 20 000 kg. de betteraves normales à l'heure. A 80 tours sa vitesse linéaire n'est pas

Fig. 7.

encore aussi élevée que celle des coupe-racines à plateau. On peut donc dépasser sans crainte la vitesse de 60 tours.

Quant à la force motrice, les constructeurs l'évaluent à 50 0/0 de la force nécessitée par les autres coupe-racines de même débit.

Enfin l'encombrement de l'appareil est très faible, comme on le voit sur les figures, ce qui permet de mettre deux de ces coupe-racines sur l'emplacement qu'occupait un seul d'ancien système.

Dans les fig. 5, et 6, A est la bascule Maguin, B, la trémie qui dirige les betteraves dans les coupe-racines, C et C deux coupe-racines du nouveau modèle établis sur la trémie de déversement de cossette d'un ancien coupe-racines.

La fig. 7 représente l'agencement d'un seul coupe-racines sur une ancienne trémie. La clarté des figures nous dispense de plus amples explications.

La Maison Maguin a exposé dans une autre classe un petit modèle de coupe-racines à plateau horizontal destiné aux petites distilleries. Rappelons que les coupe-racines Maguin ont l'avantage de couper à la fois sur tous les porte-couteaux placés sur le plateau, moins un dont la place est réservée pour le rechange des couteaux. Dans les coupe-racines ordinaires il n'y a guère que la moitié des porte-couteaux qui travaille. Il est vrai que depuis quelques années, depuis que M. Maguin a imaginé son coupe-racines, les autres constructeurs ont modifié presque tous cet état de chose, ce qui prouve qu'à son heure le coupe-racines Maguin fut un réel progrès apporté dans la construction du matériel de sucrerie. Il était d'ailleurs exposé en 1889 comme une nouveauté d'alors. La nouveauté de 1900 c'est le coupe-racines que nous avons décrit précédemment.

Couteaux et porte-couteaux. — Les Etablissements A. Maguin exposent toute une série de couteaux, porte-couteaux et machines à affûter qui furent la spécialité de la maison dès son début.

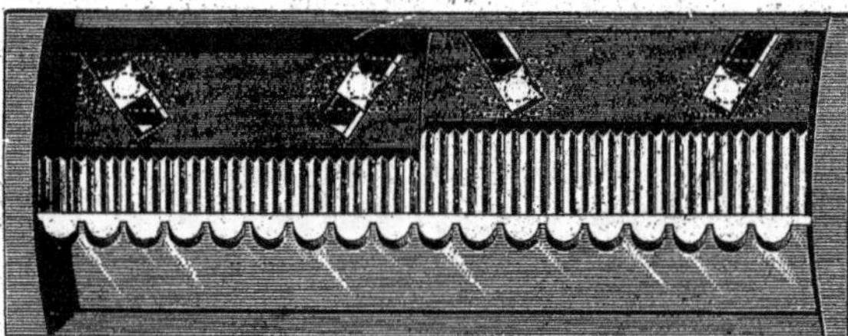

Fig. 8.

Les couteaux n'offrent de nouveauté que leur mode d'attache sur les porte-couteaux.

En effet, lorsqu'un couteau s'use, on dispose généralement d'un rattrapage de jeu, laissé dans l'œil du couteau ou du porte-couteau par où passe le boulon de serrage, pour l'approcher du contre-couteau, ou bien c'est le contre-couteau que l'on approche de la lame. Dans les deux cas l'œil est allongé dans le sens du rattrapage de jeu, et il faut serrer fortement les écrous pour être certain que rien ne bougera plus sous l'effort considérable du coupage de la betterave.

La maison Maguin a changé cela en donnant à l'œil du couteau une direction inclinée sur l'axe du couteau, de manière à ce que l'effort du coupage se fasse obliquement sur le côté de l'entaille. De la sorte ce n'est plus le serrage de l'écrou qui fait la résistance, mais le boulon lui-

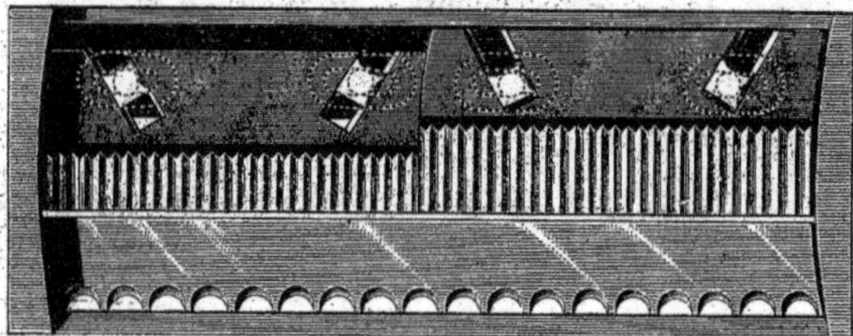

Fig. 9.

même, même si le serrage est imparfait. En donnant aux deux entailles des directions opposées et symétriques, le couteau peut ainsi résister à tous les efforts (fig. 8 et 9).

Mais le boulon devant rester à une distance constante de l'axe du porte-couteau, cela a nécessité d'allonger parallèlement à cet axe, l'œil de passage du boulon dans le porte-couteau, puisque la place respective des boulons change avec l'état d'usure du couteau.

Grâce à ces dispositions on peut user les couteaux presque jusqu'au bout, ce qui est une économie pour le fabricant.

La plaque de réglage doit prendre une inclinaison variable avec la nature de la betterave à couper, conséquemment avec le couteau employé. Elle s'use et nécessite un réglage constant. L'inclinaison convenable est ordinairement obtenue par des moyens peu mécaniques, variant avec l'ingéniosité du monteur de lames.

La plaque de réglage dite *instantanée* (fig. 10) se compose d'un demi-cylindre dont la section par l'axe constitue la contre-plaque. La partie hémi-cylindrique entre dans une partie de même forme ménagée dans le porte-couteau. Il est donc facile de donner à la surface plane l'inclinaison voulue. Des écrous forment serrage intérieur au moyen de goujons fixés sur la face hémi-cylindrique de la plaque de réglage ; les goujons passent par des ouvertures allongées, avec rondelles interposées ayant la même forme intérieure hémi-cylindrique que cette partie du porte-couteau. C'est donc une simplification considérable dans le montage des porte-couteaux et une assurance que l'ouvrier règlera bien le passage des cossettes à cause de la facilité de le faire.

Ces plaques de réglage sont droites ou montées en *épierreur* d'après la forme si connue des porte-couteaux-épierreurs Maguin.

La fig. 8 représente la disposition que prennent les couteaux à divers degrés d'usure sur un même porte-couteau monté en épierreur.

S'il est inutile de monter la contre-plaque en épierreur, on n'a qu'à la retourner comme il est indiqué fig. 9 et les encoches sont sans usage. Ces différentes dispositions s'obtiennent facilement avec le nouveau

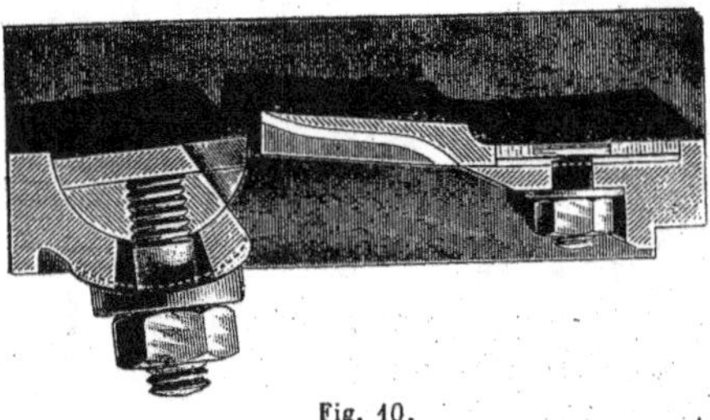

Fig. 10.

porte-couteau à *réglage instantané* tandis qu'avec les anciens modèles on doit avoir autant de pièces de rechange que l'on a de dispositifs à adopter.

Ces dispositions de couteaux et porte-lame sont nouvelles et n'ont pas encore figuré dans les expositions. Elles méritent donc d'être examinées avec attention, comme un sérieux perfectionnement aux outils adoptés jusqu'à ce jour.

Machines à affûter les couteaux.— Les machines à affûter les couteaux sont indispensables en sucrerie. Car les couteaux bien affûtés, et par conséquent changés souvent, sont une cause absolue de bonne marche pour la diffusion. Ces machines doivent donc débiter beaucoup et bien, pour être avantageuses sur le travail à la main.

Les machines de la maison Maguin sont de cet ordre.

Il y a deux machines distinctes pour faire ce travail. L'une (fig. 11) qui met le couteau à longueur lorsqu'il est usé ou ébréché, l'autre (fig. 12) qui affûte les dents au moyen d'une fraise qui en épouse le profil. Le travail de l'ouvrier avec ces appareils consiste uniquement à présenter le couteau, à surveiller le travail de l'outil et la profondeur de la taille, sans tâtonnement et sans fatigue.

Après cela, un repassage à la lime suffit pour avoir des couteaux parfaits.

Ces machines ont été décrites assez souvent pour que nous n'ayons pas besoin d'y revenir, les figures suffisant pour en expliquer le jeu.

Fig. 11.   Fig. 12.

Cependant nous devons attirer l'attention sur une machine plus compliquée (fig. 13) qui fait automatiquement l'affûtage et le *défonçage* du couteau. Le défonçage consiste à réduire l'épaisseur des couteaux près de la partie coupante. Au moyen d'un jeu de cames fort bien étudié, le couteau se présente de lui-même devant la fraise sous les différents angles qui sont nécessaires pour faire le travail dans de bonnes conditions.

Cette machine facilite donc encore la tâche de l'ouvrier, au point qu'avec des ouvriers même peu exercés on peut obtenir d'excellents résultats.

Dans un atelier bien monté où l'on a beaucoup d'affûtage à faire, on doit avoir trois machines, l'une réglée pour affûter les cloisons verticales

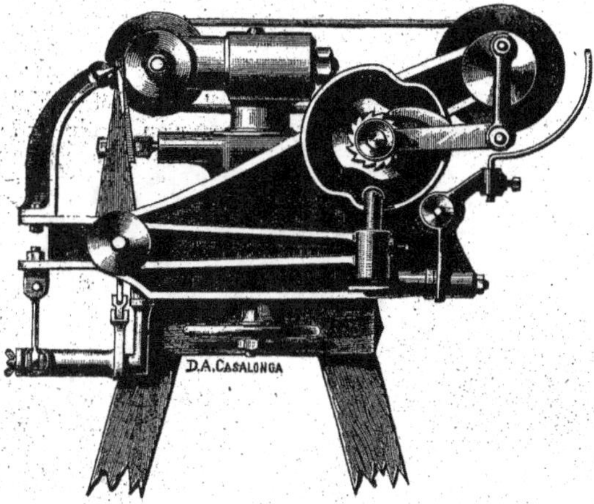

Fig. 13.

de droite, l'autre celles de gauche, et la troisième les fonds. On a ainsi très peu de main-d'œuvre, et une grande régularité dans l'affûtage des couteaux.

DIFFUSION

Presque tous nos constructeurs ont exposé des modèles de diffuseurs. A ce propos nous ferons de suite une remarque. L'exposition devant montrer les modèles les plus parfaits, il est hors de doute que tout ce que l'on y voit est ce qu'il y a de mieux, et ce que, conséquemment, on devrait toujours adopter quand un fabricant veut avoir un bon montage.

Or, tous les modèles de diffuseurs exposés ont, sans exception, la vidange formée par le basculage du fond tout entier. Nulle part de vidange complètement latérale ou partiellement inclinée.

Donc, quand un fabricant voudra une bonne batterie de diffusion, il pourra se souvenir de l'indication donnée par nos constructeurs, que les diffuseurs à vidange latérale sont antédiluviens, et que la vidange par déplacement du fond est ce qu'il y a de plus rationnel.

D'autre part, la forme absolument cylindrique est adoptée par tous, le cône du haut ayant le moindre développement possible. L'angle de ce cône mesuré à l'intérieur du diffuseur a 55° environ.

Enfin nous voyons que tous ont disposé sur le plancher de la diffusion la manœuvre des portes du bas, ce qui facilite la surveillance du chef de batterie et diminue le nombre des ouvriers.

Tels sont les principes de la bonne construction des diffuseurs.

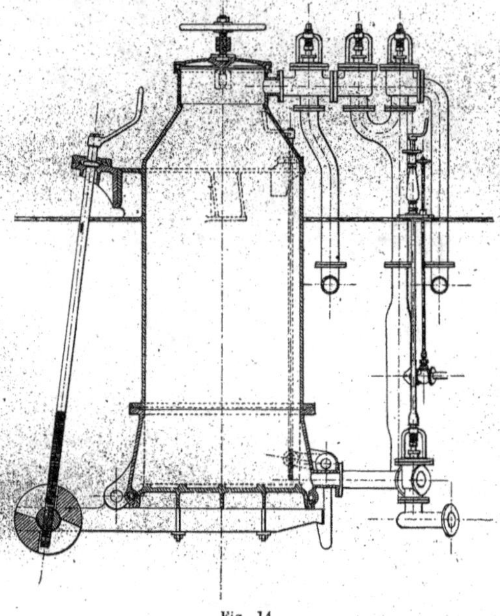

Fig. 14.

Il n'y a qu'une objection à y faire. Une batterie aussi bien constituée coûte plus cher que la batterie de diffuseurs à porte latérale. Mais la diminution du personnel ouvrier, les commodités du service, et la diminution dans la perte de temps de la vidange des diffuseurs ne doit-elle pas entrer en ligne de compte dans l'achat du matériel ? Si l'on peut faire plus de diffuseurs à l'heure en maintenant le même temps de contact de l'eau et de la cossette, on a besoin de plus petits diffuseurs, ou, avec la même batterie, on peut faire plus de travail. Ceci est donc fort important à envisager.

Nous trouvons à l'Exposition quatre types de diffuseurs provenant de la Compagnie Fives-Lille, de la maison Mariolle-Pinguet et fils, de la Société Anonyme des Constructions mécaniques de Saint-Quentin, enfin de la Société Française de Constructions mécaniques (anciens établissements Cail).

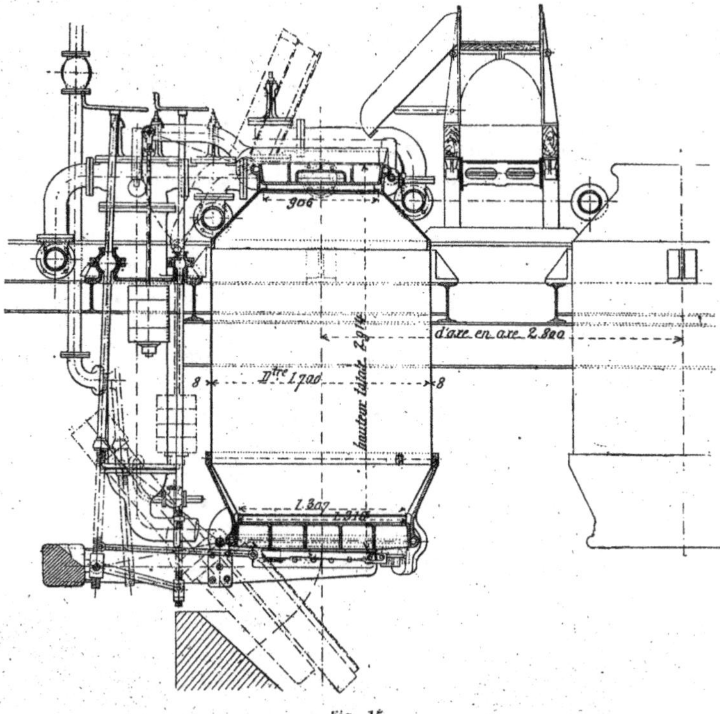

Fig. 15.

Nous décrirons plus loin le diffuseur de la Compagnie Fives-Lille parce qu'il est destiné à la canne.

Le diffuseur exposé par la *maison Mariolle-Pinguet et fils,* fig. 14, est de petite dimension, 18 hectolitres. L'espace accordé à ce constructeur ne lui a pas permis d'exposer des appareils de dimensions plus grandes, c'est pourquoi il a dû réduire ses modèles.

Le diffuseur est cylindrique, en fonte. Il est en deux parties boulonnées, celle du haut comporte le cône du haut et le corps cylindrique.

Celle du bas est tronconique également et garnie intérieurement d'une tôle qui continue la forme cylindrique du diffuseur jusqu'à la porte de vidange qui est également recouverte d'une tôle perforée. Cette disposition permet la répartition très égale des liquides sur tout le fond du diffuseur.

La porte du bas repose sur un joint hydraulique ordinaire. Elle se meut du haut par une vis à manivelle dont l'écrou se trouve dans le contrepoids avec emmanchement à genouillère. Une fois fermée, elle est maintenue en place par un crochet mû du haut également. Dans le modèle exposé, le calorisateur est à injection directe.

La *Société Française de Constructions mécaniques* (anciens établissements Cail), expose un diffuseur de grande capacité, 50 hectolitres (fig. 15).

Le temps est passé en effet où l'on croyait que l'on ne pouvait faire de bonne besogne qu'avec de petits diffuseurs. On sait maintenant que la batterie travaille aussi bien avec des vases contenant une grande quantité de betteraves coupées qu'avec des diffuseurs moindres, pourvu que les espaces laissés pour la circulation du jus à l'entrée et à la sortie soient bien conçus.

Le diffuseur de 50 hectolitres a 1^m,700 de diamètre. Il est en tôle, sauf le cône supérieur et la partie du bas qui sont en fonte. Celle-ci est tronconique et garnie intérieurement de tôles perforées pour la circulation du jus. La porte du bas forme le fond du diffuseur, dont elle a toute la section; elle est aussi garnie d'une tôle perforée, et, lorsqu'on la ferme, elle pénètre entièrement dans la partie tronconique du bas du diffuseur qui reçoit, dans une rainure disposée à cet effet, le tube en caoutchouc faisant joint hydraulique. De la sorte, la pression du joint est faite latéralement à la porte et non du haut en bas, ce qui supprime la pression supplémentaire qu'occasionne ordinairement ce joint sur la porte, assure une étanchéité parfaite, et a de plus l'avantage, en cas de rupture du joint, de diriger la fuite de jus chaud verticalement et non horizontalement comme cela a lieu dans le système ordinaire, pouvant brûler les ouvriers circulant auprès de la batterie.

La porte du bas est équilibrée exactement par un contrepoids. Elle est actionnée par une vis dont le volant est sur le plancher. La porte, une fois fermée, est assujettie au moyen d'une fourche d'enclanchement ayant deux verrous et maniée aussi du haut par une vis. En sorte que les deux oreilles d'articulation et les deux verrous forment quatre points d'appui à la porte. Enfin, deux tringles indicatrices renseignent l'ouvrier sur la position de la porte et des verrous pour qu'il n'y ait pas de fausse manœuvre.

La porte du haut est fermée également par un joint hydraulique disposé de même manière que pour celle du bas. Elle est équilibrée par un contrepoids se déplaçant sous le plancher, et sa fermeture est assurée par deux crochets calés sur le même axe.

Le calorisateur est tubulaire, avec une surface de chauffe de 7 m², surface suffisante pour recevoir la vapeur prélevée sur les premières caisses de l'appareil d'évaporation.

Chaque calorisateur est muni d'un thermomètre à mercure « Hydra », que nous décrirons plus loin.

Une batterie de 12 diffuseurs de 55 hectolitres de ce même système fonctionne cette année et a donné les résultats suivants : charge de chaque diffuseur 3 300 kg de cossettes ; travail, 7 à 8 diffuseurs à l'heure ; tirage 107 lit. de jus de 6,2 à 6,5 de densité ; épuisement des cossettes 0,15 à 0,18. C'est donc un travail de plus de 630 tonnes par 24 heures.

La Société des Constructions mécaniques de Saint-Quentin expose également un diffuseur. Sa forme générale est la même que celle du précédent, seulement les manœuvres de la porte de vidange, des verrous qui l'assujettissent et du joint hydraulique se font du bas, ce qui exige un ouvrier de plus. Le joint hydraulique est dissimulé sous une cornière venue de fonte avec le cône inférieur du diffuseur, de manière à ce qu'en cas de rupture de ce joint les projections du liquide se fassent de haut en bas et non latéralement.

Contrôleur-Mesureur-Automatique Horsin-Déon

Le jus de diffusion est reçu dans un bac-mesureur. Il est essentiel en effet de savoir exactement la quantité de jus que l'on tire de chaque diffuseur et que ce tirage soit régulier. C'est un des points capitaux d'un bon travail. Mais on a l'habitude de confier ce travail à un gamin qui doit ouvrir et fermer les robinets quand le jus arrive à la jauge ; aussi est-ce plus ou moins bien fait, et est-il facile à un chef de batterie de tricher sur le nombre de bacs, s'il y a un intérêt quelconque.

C'est pour éviter ces aléas qu'a été construit le *contrôleur-mesureur automatique Horsin-Déon* qui était exposé dans la vitrine de l'Association des Chimistes de Sucrerie. Grâce à cet appareil, le nombre des bacs mesureurs tirés, l'heure de ces tirages, et le volume de jus contenus

dans le bac sont exactement enregistrés sans qu'il soit possible de frau-
der. Il en est résulté que les ouvriers, au lieu de chercher à escamoter
leur travail, ont été pris d'une émulation remarquable, chaque équipe
tenant à honneur d'avoir une feuille plus belle que sa concurrente, c'est-
à-dire tirage régulier et nombre de diffuseurs exactement égal chaque
heure. C'est donc pour l'usine une garantie de bon travail, et bien des
directeurs se sont félicités d'avoir adopté cet appareil, ayant constaté
dès son installation un changement complet d'allure dans le travail de
l'usine.

Fig. 16.

Les sucreries ont souvent deux ou plusieurs batteries de diffusion.
Chaque batterie a un ou deux bacs mesureurs. Il fallait donc des appareils répondant à ces différents cas.

Pour une batterie avec un seul bac mesureur ou avec deux bacs mesureurs, l'installation ne peut être la même. Pour un bac mesureur, il
faut une inscription ; pour deux bacs mesureurs, il faut deux inscriptions
synchrones. De là, deux genres d'appareils, simples et doubles.

L'appareil simple (fig. 16) se compose, en principe, d'un flotteur placé
dans le bac mesureur, dont tous les mouvements sont inscrits dans
l'appareil proprement dit. A cet effet, le flotteur est retenu par une ficelle
inextensible autant que possible, dont l'autre extrémité s'enroule sur
un rouet à ressort, semblable à celui des appareils de Watt. Ce rouet

est muni d'un pignon actionnant par crémaillère une règle verticale en cuivre qui porte vers son milieu un style. Le style porte une plume et se déplace devant un papier enroulé sur un tambour tournant sur son axe au moyen d'un mouvement d'horlogerie.

On voit dès lors que la plume inscrira sur le papier tous les mouvements du flotteur, et, la hauteur du tambour correspondant à la hauteur du bac, d'après la longueur du trait on sait de suite la quantité d'hectolitres de jus tirés dans le bac. De plus, le bulletin étant gradué en heures et subdivisions, on sait combien de tirages ont été faits à l'heure. Enfin, s'il y a des arrêts, ils sont inscrits sur le bulletin par une ligne horizontale et l'on peut ainsi juger de l'importance des arrêts. Il n'y a qu'à en inscrire à côté la cause, pour avoir toute l'histoire du travail de la batterie depuis le commencement de la fabrication jusqu'à la fin. Le directeur peut en tirer d'utiles renseignements, en même temps qu'il est instruit à chaque instant du travail de l'usine, contrôlée ainsi, même en son absence. La fig. 17 représente une réduction au tiers d'un de ces bulletins.

La règle verticale qui porte le style se termine en bas par un talon muni d'une molette en forme d'étoile qui bute deux contacts électriques. Cette disposition a pour objet d'avertir par une sonnerie du moment où le bac va être plein. L'ouvrier le moins attentif est ainsi prévenu et rappelé auprès de son bac au moment voulu. C'est grâce à ces sonneries que le tirage est si régulier.

Enfin, la même règle porte en haut un autre talon qui actionne un compteur totalisateur du nombre de bacs tirés.

On voit donc que, grâce au contrôleur-mesureur, le travail est régu-

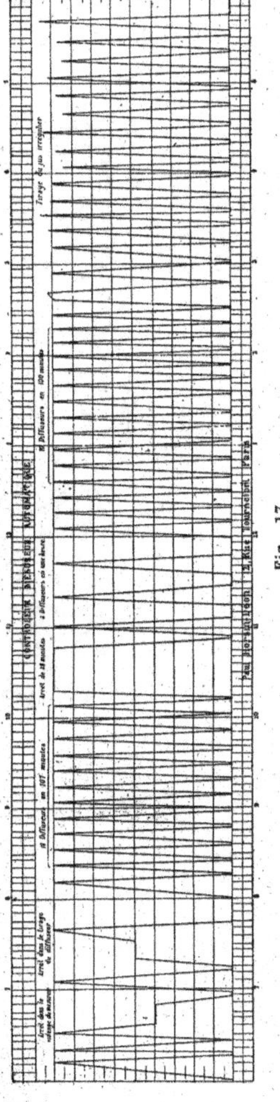

Fig. 17.

lier, et le directeur est instruit autant que possible de la marche de la diffusion.

Lorsque l'on a deux bacs mesureurs, il faut deux bulletins, mais il faut que les mouvements des deux tambours soient isochrônes et qu'un seul compteur totalise les bacs tirés.

C'est pour cet usage que M. Horsin-Déon a construit son appareil

Fig. 18.

double, fig. 18. Les deux rouets sont ici dans le socle. Tout le système est double, sonneries, etc. Mais les deux tambours sont mus par un mouvement d'horlogerie unique et les deux règles actionnent le même compteur.

Cet appareil peut servir également pour deux batteries séparées ayant chacune un seul bac mesureur.

Le contrôleur simple avait déjà figuré à l'Exposition de 1889. L'appareil double voit pour la première fois les Expositions, sa création étant plus récente. Mais l'appareil simple comporte lui-même depuis 1889 des modifications importantes dans la facture de ses organes, qui en font presque un appareil nouveau.

Chaulage du jus.

Peu de chose à l'Exposition à propos du chaulage du jus.

La Maison *Mariolle-Pinguet et fils* a exposé un appareil à produire le lait de chaux, système Mick (fig. 19).

C'est un cylindre horizontal en tôle, porté sur galets, qui lui permettent de rouler sur lui-même. Une couronne dentée mue par un pignon avec poulie folle et fixe, lui donne ce mouvement de rotation. On introduit par un des fonds, qui porte une ouverture centrale, la chaux et l'eau nécessaires à l'extinction. L'autre fond porte également une ouverture en forme de déversoir par où s'écoule le lait de chaux. A

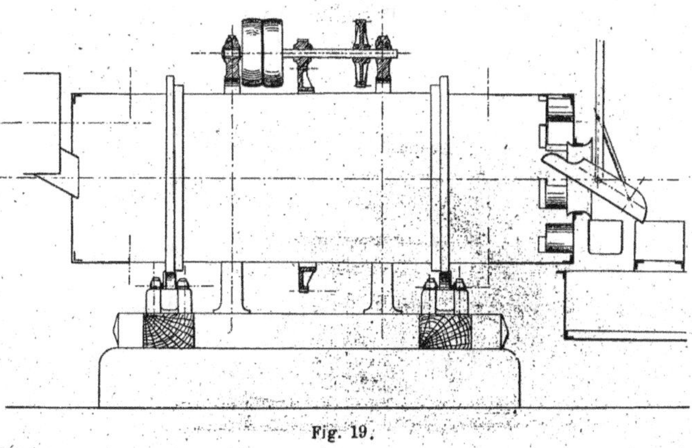

Fig. 19.

l'intérieur se trouvent des godets qui relèvent les pierres et les incuits et les rejettent au dehors.

Lorsque l'introduction de chaux est bien régulière, ainsi que celle de l'eau, on obtient avec cet appareil un lait de chaux de composition constante, et d'une façon continue, avec un personnel très restreint. De plus la machine est très rustique, les parties roulantes sont tout à fait en dehors de l'atteinte de la chaux. Toutes ces raisons la rendent très recommandable.

A l'*Exposition du Musée de l'Ecole I. R. polytechnique tchèque de Prague*, nous trouvons un modèle en réduction de l'appareil Cerny et un autre de l'appareil Cerny-Stolc que nous allons décrire, car ce sont des nouveautés créées dans ces dernières dix années.

La *Balance automatique Cerny-Stolc*, pour lait de chaux, sert à mesurer, *en poids,* la quantité de lait de chaux que l'on met dans le jus avant sa carbonatation.

Ordinairement, on mesure un certain volume de lait de chaux que l'on verse dans la chaudière à carbonater, et l'on considère que, l'ordre étant donné de maintenir le lait de chaux à une densité constante, la quantité de chaux contenue dans ce volume doit être constante. Malheureusement, il est loin d'en être ainsi pour de nombreux motifs, et le chaulage n'est jamais constant.

Dès lors, au lieu de mesurer un volume constant, on met dans le bac un poids constant de lait de chaux, on a plus de chance d'avoir un poids constant de chaux réelle en présence du jus sucré, la densité du lait de chaux étant proportionnelle au poids de la chaux qu'il contient.

Cerny imagina donc de surmonter le clapet de vidange du bac mesureur d'une rehausse ayant une forme telle que le volume déplacé par la partie de cette rehausse baignée dans le lait de chaux fasse équilibre au poids de ce lait de chaux. C'est donc une espèce d'aréomètre qui actionne le clapet de vidange.

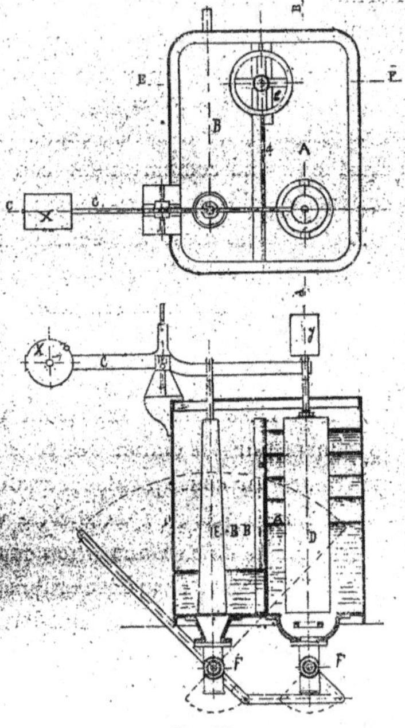

Fig. 20.

La forme de la rehausse est un solide de révolution engendré par une série de courbes hyperboliques successives correspondant à chacune des densités. La tangente à toutes ces courbes représente sensiblement une forme conique, en sorte que la rehausse est un cône dont la base est la tête du clapet, et le sommet correspond à l'eau pure.

Ce cône qui est tronqué, puisque jamais l'eau pure ne sera mesurée par cet appareil, est suspendu à l'extrémité du bras d'une balance dont l'autre bras porte un contrepoids faisant équilibre à la densité du métal du cône par rapport à l'eau.

Cet appareil avait l'inconvénient d'exiger un appareil densimétrique de grand volume. Stolc a rendu l'appareil plus pratique, et il a pris le nom des deux collaborateurs Cerny-Stolc (fig. 20).

Le principe est le même, seulement le bac est séparé en deux compartiments A et B. L'un contient un flotteur cylindrique D représentant le poids normal de lait de chaux. Ce flotteur est lié au bras de la balance, et son poids est ajusté d'après la densité du lait de chaux de l'usine. Si le lait a la densité voulue, la balance trébuche lorsque la quantité de liquide est atteinte. Mais si le lait est trop faible, le compartiment s'emplit et finit par déborder dans le second compartiment qui, lui, contient le cône régulateur E. Le système ne se soulève donc et ne laisse passer le lait de chaux dans la chaudière à carbonater que quand le second compartiment contient le supplément de lait correspondant au poids de chaux demandé.

L'appareil est ainsi plus sensible et moins encombrant.

Cet appareil est très répandu et donne les meilleurs résultats. C'est un progrès important en sucrerie.

CARBONATATION.

En 1889 nous avions exposé un appareil de carbonatation continue supprimant tous les ennuis des bacs de carbonatation, les mousses, les émousseurs par conséquent, les gaz et vapeurs, etc.

On ne nous a pas suivi dans cette voie. Mais nous voyons à l'Exposition un modèle de *carbonatation continue système Gibert*, qui est un compromis entre la chaudière ordinaire et la carbonatation sous grande épaisseur de liquide comme nous l'avions prévu (fig. 21).

L'appareil Gibert se compose d'une ou de plusieurs chaudières ordinaires de carbonatation très hautes, 5 m au moins, dans lesquelles le jus a une épaisseur de $2^m,500$ pour le barbotage du gaz.

Le niveau du jus est constant. Il entre par un robinet latéral à un peu plus de la mi-hauteur de la chaudière, et sort par en bas au moyen d'un col de cygne qui ramène le liquide presqu'à la hauteur du robinet d'entrée. A cet endroit il se déverse dans une grande éprouvette où l'on prend l'échantillon et d'où il s'écoule aux filtres-presses.

Le mouvement du jus est continu, et pourvu que le chaulage soit fait constamment de même manière, que l'écoulement soit constant, ce que l'on obtient au moyen d'un bac en charge bien établi, et que la machine à gaz marche avec une vitesse constante, le jus arrive dans l'éprouvette à une teneur en chaux sensiblement constante.

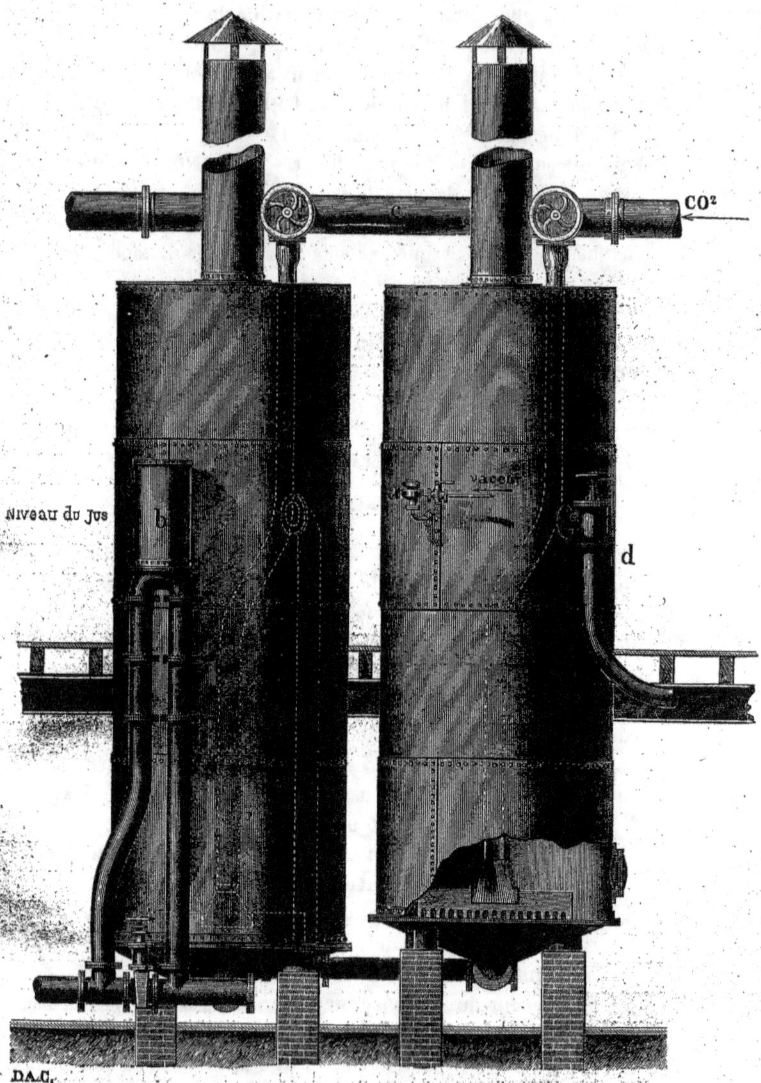

Fig. 21.

On peut se servir d'une seule chaudière, pour la seconde carbonatation par exemple, ou de deux chaudières déversant l'une dans l'autre lorsque la quantité de chaux à carbonater est un peu grande comme à la première carbonatation.

Le dessin que nous donnons ici représente la construction des appareils Gibert tels que les établit la maison Maguin. Les chaudières peuvent être rondes ou carrées. A l'Exposition on voyait cet appareil en chaudières carrées dans les objets présentés par les *Constructions mécaniques de Saint-Quentin*. C'était une réduction à moitié de grandeur naturelle.

On voit sur ce dessin deux chaudières accouplées pour première carbonatation. Le jus arrive en d, descend au bas de la chaudière, remonte dans la chaudière suivante par un tuyau qui se trouve ici derrière, et à la même hauteur que d ; redescend de nouveau jusqu'au bas de la seconde chaudière, s'échappe du bas par un tuyau qui vient aboutir dans l'éprouvette b. De là le jus s'écoule par un tuyau parallèle au premier et avec lequel il est relié au moyen d'une vanne fermée, de manière à pouvoir vider l'appareil au besoin.

Dans son courant descendant, le jus rencontre le courant ascendant du gaz carbonique qui arrive par le collecteur c. On voit que le montage est très simple.

Je ferai remarquer que, dans mon système de carbonatation continue, le jus riche en chaux se trouvait en présence du gaz riche en acide carbonique, et que j'attachais une grande importance à ce fait pour l'obtention d'un point de carbonatation exact, le jus carbonaté se trouvant à l'extrémité finale de l'appareil en présence du gaz pauvre, et par conséquent peu actif, et incapable d'une action trop vive sur le jus.

Dans l'appareil Gibert, le jus arrivé presque à son point de carbonatation est au contraire en présence de gaz riche. Il faut donc une attention soutenue de l'ouvrier pour ne pas dépasser le point de carbonatation.

Malgré cela cet appareil a déjà donné des résultats à peu près satisfaisants. La constance de la teneur en chaux est suffisante pour les besoins des filtres-presses. Les fabricants n'ayant plus le tracas des chaudières manquées, ce qui arrive parfois même dans les meilleures usines, n'ont plus d'ennuis du côté de la filtration, ce qui est un grand soulagement.

De plus cette installation tient peu de place, utilise bien l'acide carbonique, est propre, et si elle n'est pas encore l'idéal elle s'en rapproche beaucoup. C'est encore un progrès à signaler dans la fabrication du sucre.

Dans l'exposition de **MM. Mollet-Fontaine et C°**, nous trouvons un dessin représentant le *carbonateur continu « Camuset, Lamboi et Sée »*, appareil qui fonctionne depuis deux campagnes à la sucrerie d'Escaudœuvres, pour traiter 36 000 hectolitres de jus par 24 heures. Il y en a deux pour la 1ʳᵉ carbonatation, un pour la 2ᵉ, et un pour travailler tantôt en 1ʳᵉ, tantôt en 2ᵉ carbonatation.

Le principe de cet appareil consiste à injecter le jus chaulé sous la forme de brouillard dans une atmosphère d'acide carbonique. La carbonatation est instantanée. En réglant les injecteurs et l'admission du gaz, on arrête la carbonatation au point voulu. Mais pour être plus certain du point final, on carbonate dans l'atmosphère gazeuse un peu au-dessous de la quantité désirée, et on termine par une agitation du liquide avec le gaz carbonique dans un espace cylindrique où se trouve une hélice. En faisant varier le jeu des divers éléments de l'appareil on arrive exactement au point de carbonatation voulu.

La Maison *Mariolle-Pinguet et fils*, a exposé une chaudière à carbonater, fig. 22, de 60 hectolitres qui indique quelque recherche de son auteur dans le but de diminuer le temps de carbonatation.

En effet la distribution du gaz, au lieu de se faire au moyen de bras fixes dans le fond de la chaudière, comme cela se passe ordinairement,

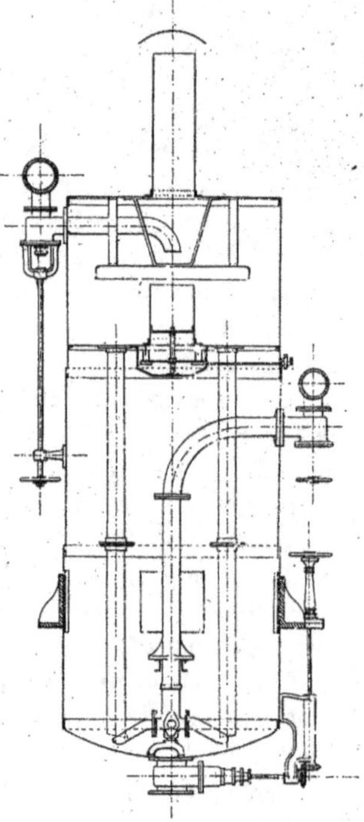

Fig. 22.

s'effectue par l'intermédiaire d'une pièce mobile qui fait tourniquet par réaction dans le fond du liquide. Il en résulte que le jus est fortement agité, que les molécules chaulées mises en présence du gaz sont renouvelées constamment d'une façon mécanique, et que par conséquent le gaz est parfaitement utilisé, et la carbonation bien plus rapide.

D'ailleurs cette chaudière est bien étudiée. Très haute, elle comporte cependant un émousseur formé d'une petite turbine mue par la vapeur ou par le gaz même. Les mousses qui peuvent passer au-dessus de l'émousseur retournent dans le fond au moyen de tuyaux de gros diamètre. Enfin le jus qui coule dans la chaudière au moment du chargement, entraîne avec lui les mousses de l'opération précédente qui auraient pu rester dans le haut, entretenant ainsi la parfaite propreté de l'appareil.

La chaudière est cylindrique. Le fond est embouti sphérique avec vidange au centre au moyen d'une vanne mue de dessus le plancher.

Les constructeurs assurent que ces dispositions permettent de carbonater si rapidement les jus qu'une seule chaudière peut suffire, dans bien des cas, à la première carbonatation, et encore mieux à la deuxième.

FILTRES-PRESSES

L'Exposition est pauvre en filtres-presses. On n'en rencontrait que deux.

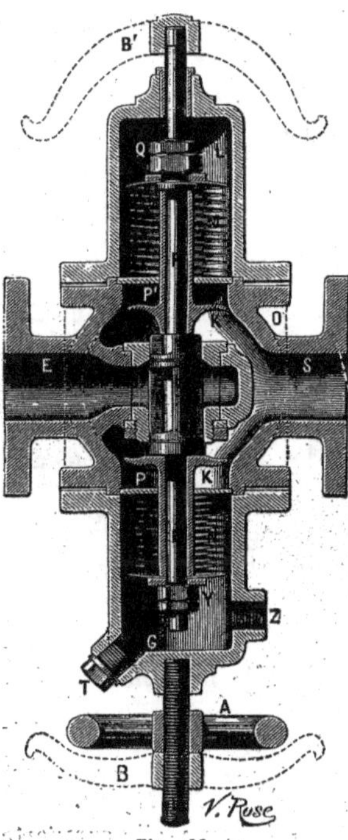

Fig. 23.

La Société Française de Constructions mécaniques. — (Anciens établissements Cail), nous présente un grand filtre-presse à cadres de 1 m de côté. Il a 46 compartiments, mais on peut les construire aussi bien pour 50.

L'introduction des écumes est centrale. Les écrous qui serrent les toiles portent quatre saillies qui viennent buter contre l'écrou de l'autre cadre. De la sorte, les tourteaux ont tous la même épaisseur, et l'on a ainsi plus de chances d'obtenir un désucrage régulier des écumes. D'ailleurs des robinets d'air sont ménagés pour que l'eau de lavage se répande uniformément dans tout l'appareil.

Le serrage est très énergique et se fait au moyen d'un volant actionnant un mouvement différentiel.

La Société des Constructions mécaniques de Saint-Quentin expose un petit filtre-presse Kroog.

La maison Ollivier et Cie, a exposé dans une autre section (Classe 21) (fig. 23), le régulateur de pression *Legat* remarquable pour les pompes à écumes.

La vapeur, qui met en mouvement les pompes, traverse une soupape équilibrée D. Une tige centrale FF, maintenue en haut et en bas par deux membranes métalliques MN identiques, retient la soupape sur son siège, si rien ne vient troubler leur équilibre. Pour produire l'ouverture de la soupape, deux ressorts fixés aux extrémités d'entretoises BB', appuient sur le haut de la tige centrale. Mais, d'autre part, la membrane métallique du bas N est enfermée dans une chambre G mise en communication par un petit tuyau avec l'espace dans lequel s'exerce la pression des pompes, c'est-à-dire, dans le cas que nous citons, avec la bouteille d'air des pompes à écume. On conçoit alors que si la pression dans la bouteille d'air fait équilibre, en N, à la pression des ressorts qui s'exerce en M, la soupape se fermera, et, la vapeur ne passant plus, la machine s'arrêtera. Il suffit donc de régler la tension des ressorts au moyen du volant A pour obtenir aux filtres-presses la pression désirée.

Ce régulateur est d'une grande sensibilité et est appelé à rendre de réels services dans la construction des pompes à écume.

FILTRATION MÉCANIQUE

Depuis 1889, la filtration mécanique s'est absulument généralisée en sucrerie. De la filtration sur noir, il n'en est absolument plus question ; c'est de l'histoire tellement ancienne que déjà, en 1889, elle avait presque totalement disparu.

La filtration mécanique, par contre, a vu naître des appareils nouveaux, et l'Exposition nous en montre tous les modèles actuellement en usage.

Les poches Puvrez, qui furent le commencement de cette importante amélioration de notre travail en sucrerie, n'existent plus, pas plus que les filtres à cadres de bois auxquels on reprochait de servir de réceptacle à tous les germes d'infection du jus.

Le premier filtre entièrement métallique est celui de Breitfeld-Danek, connu en Autriche sous le nom de son réel inventeur, filtre Prokch, celui-ci étant ingénieur de la Maison Breitfeld-Danek. Ce filtre figure dans les expositions de la *Compagnie de Fives-Lille* et des *anciens établissements Cail*. Nous ne décrirons pas sa construction bien connue de tous les fabricants, les figures ci-contre l'expliquant suffisamment (fig. 24 et 25).

La Compagnie de Fives-Lille présente en outre des filtres Prokch dont les ajutages de sortie du jus se déversent dans une nochère close, permettant son interposition dans le courant du jus ou sirop des appareils d'évaporation pour filtration entre caisses.

La seule modification importante qu'aient subi ces filtres est la suivante. Dans le nouveau modèle, le coffre, au lieu d'être hermétiquement clos, n'est recouvert seulement que d'une tôle, et le coffre lui-même est

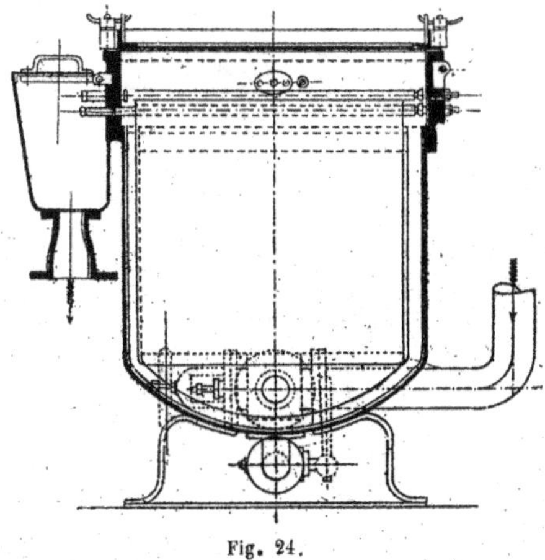

Fig. 24.

surhaussé de 50 cm environ au-dessus du niveau supérieur des cadres.

Dans ces filtres on ne peut pas faire de pression. La filtration se fait uniquement par la hauteur de 30 ou 40 cm qu'occupe le jus au-dessus des toiles filtrantes.

Or, il est un fait connu en filtration, c'est que plus lente elle est, meilleure elle est. Les constructeurs forcent donc ainsi les fabricants à bien filtrer en ne leur permettant pas d'avoir une grande charge sur les toiles. Mais il est évident que c'est au détriment du débit. Aussi ces filtres ont-ils une surface filtrante beaucoup plus considérable pour faire le même travail. Seulement comme ils coûtent un peu moins cher de construction à cause de la suppression de la lourde porte du dessus et de son joint en caoutchouc, à prix égal on a une plus grande surface filtrante.

Si les fabricants étaient bien convaincus de cette vérité que moins la charge est forte meilleure est la filtration, ils obtiendraient avec tous les filtres, quels qu'ils soient, un bien meilleur travail en diminuant la charge et augmentant le nombre de cadres en activité.

Cette transformation du filtre Breitfeld-Danek est donc un bon ensei-

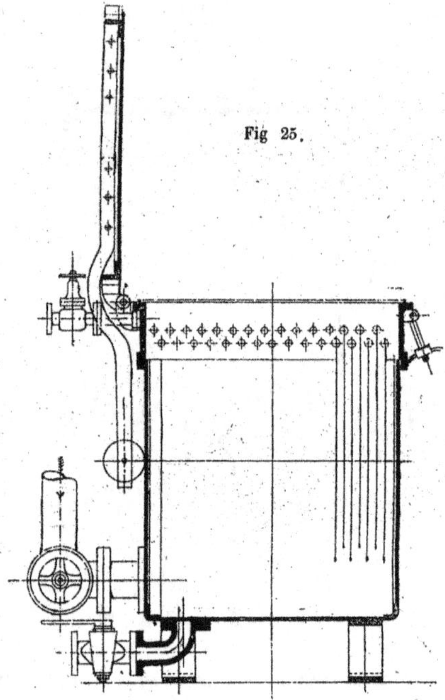

Fig 25.

gnement pour les chefs de fabrication qui s'habitueront à envisager les meilleures méthodes de travail et n'essaieront plus de forcer la filtration en augmentant la pression au détriment de la limpidité qu'ils devraient rechercher avant tout. Peu de charge et beaucoup de toile, tels sont les préceptes qu'on devrait toujours suivre.

Exposition Philippe.— M. Philippe s'est acquis en France une juste renommée en matière de filtration. Depuis de longues années il travaille la question et ses appareils se recommandent par la commodité et l'exactitude de leur montage et par conséquent par la limpidité des liquides qui les traversent.

Cette limpidité dépend en effet du bon choix de la toile, de son bon montage, et enfin de l'impossibilité d'avoir des fuites de liquide trouble dans le liquide clair.

M. Philippe a étudié tout particulièrement les différents tissus filtrants, et à chaque espèce de liquide il affecte la toile spéciale qui lui convient.

Les toiles en forme de sac sont montées sur un cadre en toile métallique

Fig. 26.

choisie de telle sorte que les mailles touchent la toile en un moindre nombre de points de contact possible. Ce cadre à les coins arrondis et les bords adoucis de manière à éviter l'usure des toiles. De plus il occupe toute la longueur du sac qui travaille par conséquent partout. Mais comme l'humidité et la température font varier les dimensions de la toile, le cadre est mobile dans le sens vertical qui est le sens de plus grand rétrécissement de la toile, en sorte qu'il ne raidit jamais sur le sac, et évite ainsi les causes de déchirures.

Enfin pour éviter l'inconvénient des fuites, le joint des sacs est exté-

rieur ; de telle sorte que toute fuite est apparente, facilement réparable
immédiatement par une augmentation de serrage du joint en marche,
et, en tout cas, ce liquide trouble coule sur le couvercle du filtre et ne
se mélange pas au liquide clair. Une rigole ménagée sur la partie supé-

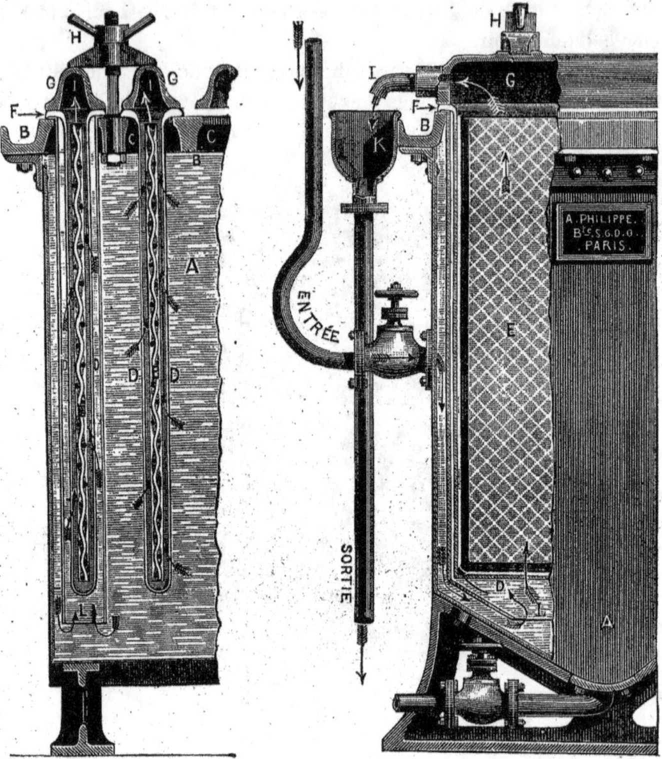

Fig. 27.   Fig. 28.

rieure du filtre, recueille les liquides des fuites fortuites et maintient la
propreté indispensable à tout appareil de sucrerie.

Tels sont les principes qui font de ce filtre le mieux étudié de tous ses
similaires.

Le filtre Philippe, fig. 26, se compose d'une bâche en tôle, fermée en
dessous par un plateau en fonte présentant une série de lumières
parallèles à bords rabotés. C'est dans ces lumières que l'on introduit les
sacs garnis de leur cadre en toile métallique.

Les sacs portent, au pourtour de leur ouverture, un bourrelet épais
formé par une corde en chanvre ou en caoutchouc suivant les cas, fig. 27;
ce bourrelet repose sur le bord des lumières, et sert à former le joint.
Quand il est en place, on le couvre d'un chapeau en fonte à bords rabotés ayant exactement les dimensions de la rainure. Le chapeau appliqué

Fig. 29.

et serré sur le bourrelet assure le joint. Il est assez haut pour que le cadre
puisse remonter à son intérieur lors du rétrécissement de la toile.

Il présente à l'un des bout un ajutage, fig. 28, par où sort le liquide
filtré qui a traversé la toile. Les fuites ne peuvent se produire qu'entre
le bourrelet et les parties métalliques et sortir sur le plateau fermant le
filtre, comme nous le disions plus haut.

Les chapeaux sont serrés deux à deux par deux écrous et bonnettes de formes particulières maintenues par un ressort à boudin. Les joints ne sont donc pas écrasés.

Enfin le jus sortant des ajutages est recueilli dans une gouttière émaillée blanche, qui permet de juger par transparence de la limpidité du liquide.

Nous ne nous étendrons pas sur les autres accessoires du filtre, ce que nous en avons dit suffisant pour montrer comment tous les détails en sont étudiés.

M. Philippe construit ainsi des filtres depuis un quart de mètre carré pour les laboratoires jusqu'à 60 m², suivant la demande. Il en fait de fixes et de mobiles pour la filtration des vins, des huiles et enfin de tous liquides quelconques.

Dans certains cas le filtre doit pouvoir travailler sous le vide, comme par exemple en sucrerie lorsque l'on veut l'intercaler entre deux caisses d'évaporation, cas qui devrait être appliqué beaucoup plus souvent qu'il ne l'est. Alors l'inventeur a remplacé la gouttière d'écoulement par un tuyau tubulé (fig. 29), chaque ajutage étant relié aux tubulures du tuyau par un tube en verre, au moyen d'un système de presse-étoupe bien étudié. On peut donc de la sorte faire le vide dans le tuyau et aspirer le liquide au lieu de le refouler dans le filtre par différence de niveau. On peut de même intercaler le filtre sur le refoulement d'une pompe et envoyer le liquide à la hauteur désirée sans être astreint à placer le filtre sur un plancher surélevé.

Tels sont rapidement expliqués les différents modèles des filtres Philippe que l'on rencontrait à l'Exposition dans toutes les classes où l'industrie réclame des filtrations de liquides quels qu'ils soient, jus sucrés, vins, huiles, etc.

Exposition Letaud (*usines de Conches*). — On trouvait dans cette exposition les filtres système L. Fouillebois, fig. 30. C'est encore un filtre à poches filtrantes comme les précédents, contenues dans un coffre en tôle ou fonte, et dérivant du filtre Prokch. Il fonctionne depuis de longues années à Nassandres chez M. Bouchon qui a fortement collaboré à son invention.

Il présente cette particularité de permettre le *débourrage* des tissus filtrants et même le *lavage* des poches sans les démonter, sans même ouvrir le filtre.

Ce résultat s'obtient au moyen d'un distributeur-collecteur placé en haut de la face antérieure de la cuve, pièce en bronze sur laquelle viennent se fixer tous les cadres. Le distributeur-collecteur comprend un nombre de robinets spéciaux (fig. 31) égal au nombre des cadres que devra contenir l'appareil.

Fig. 30.

Ces robinets, suivant la position qu'on donne à la clé, permettent l'écoulement du liquide filtré du cadre auquel ils correspondent, ou arrêtent cet écoulement si l'on voit que le liquide est louche. Dans la

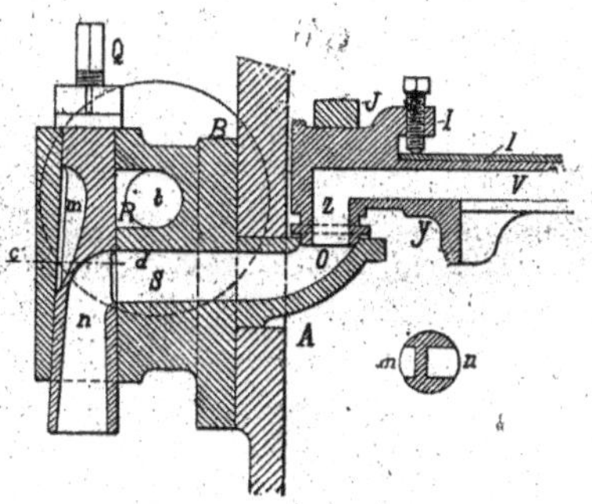

Fig. 31.

fig. 31 l'écoulement du liquide qui part du cadre V est ouvert à l'extérieur.

Mais ces robinets ont une autre fonction. La clé porte en effet une encoche m qui, lorsqu'on tourne le robinet de 180° vient en correspondance avec la conduite R ménagée sur toute la longueur du distributeur. Dans cette position la conduite R et l'intérieur du cadre V sont en communication directe, et n'ont aucune relation avec l'extérieur.

La conduite R reçoit soit de l'eau, soit de la vapeur, au moyen de deux robinets placés à ses extrémités.

Si l'on constate un ralentissement dans le débit du filtre, en envoyant un jet de vapeur dans la poche, on repousse de l'intérieur à l'extérieur la couche de matière qui tapissait le tissu, et on opère le *débourrage*.

Lorsque ce débourrage ne suffit pas on a recours au lavage à l'eau, que l'on effectue alors après vidange du filtre, en envoyant dans chaque poche successivement une chasse d'eau chaude que l'on renouvelle jusqu'à ce que le lavage soit reconnu suffisant.

ÉVAPORATION.

En 1889, il n'existait encore que des appareils à quadruple-effet qui représentaient alors le perfectionnement le plus considérable effectué en évaporation dans les sucreries.

Pour faciliter la compréhension du sujet, nous reproduisons (fig. 32) la vue perspective du petit modèle exposé en 1889.

On y voit un quadruple-effet dont la première caisse, plus grande que la seconde, fournit la vapeur à six réchauffeurs. La seconde, plus grande également que la troisième, donne la vapeur à deux réchauffeurs. La troisième et la quatrième caisse sont égales. Cette quatrième caisse est suivie d'un réchauffeur vertical, d'où la vapeur se rend au condenseur et à la pompe à air.

Les réchauffeurs chauffés par la première et la deuxième caisse sont du modèle imaginé par M. P. Horsin-Déon, à quatre circulations, clos et de diamètre tel que le jus y ait une grande vitesse. Leur effet utile est puissant et il suffit d'une petite surface pour obtenir un grand chauffage.

Le deuxième corps chauffe les jus de première carbonatation jusqu'à 80'. Le premier corps chauffe à 100° les jus de deuxième carbonation, les jus filtrés entrant dans l'appareil et les sirops.

Ces chauffages à double-effet pour le premier corps, à triple-effet pour le deuxième corps, produisent une économie considérable de vapeur qui a permis de réduire, dans certain cas, de moitié la consommation du combustible.

Ces chauffages à effets multiples peuvent être appliqués également à la chaudière à cuire, à laquelle on doit alors donner une surface de chauffe suffisante, et à la diffusion dont les calorisateurs doivent être tubulaires.

Le principe des chauffages à effets multiples revient à M. Rillieux, qui fut l'inventeur du triple-effet et le promoteur de la rénovation des appareils à effets multiples nombreux tels qu'ils sont appliqués aujour-d'hui.

Les appareils dessinés ici sont verticaux. Les autrichiens construisirent

Fig. 32.

des caisses horizontales dont nous verrons un beau spécimen dans l'Exposition de la Compagnie Fives-Lille. Horizontales ou verticales ces chaudières ont le même effet utile. Mais l'un et l'autre modèle ont leurs adeptes et leurs défenseurs. En réalité ils ont l'un et l'autre leurs avantages et leurs inconvénients, et la plupart du temps c'est l'espace dont on dispose qui guide dans l'adoption de l'un ou de l'autre modèle.

Les *Anciens établissements Cail* exposent un quintuple-effet à caisses inégales, les premières étant les plus grandes, et destinées dès lors à fournir de la vapeur de ces premières caisses à des réchauffeurs. Cet exemple montre qu'aujourd'hui le quintuple-effet ne paraît plus un appareil impossible à construire comme on le pensait il y a seulement quinze ans.

Le fait est que nous avons établi pour l'Egypte des appareils à sextuple

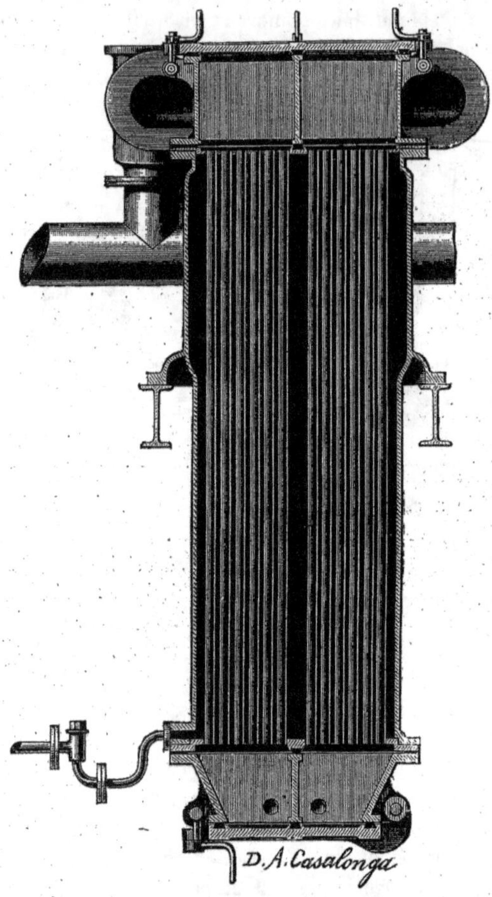

Fig. 33.

effet dont la marche est d'une régularité parfaite et qui produisent une économie de vapeur considérable, car le troisième corps fournit de la vapeur à une température suffisante pour desservir une grande partie des réchauffeurs, faisant ainsi du chauffage à quadruple-effet fort économique.

Les chauffages à effets multiples sont tellement passées dans les habitudes industrielles, que tous les constructeurs ont exposé des réchauffeurs copié sur les notres.

Les premiers réchauffeurs clos système Horsin-Déon, ont été construits par la maison Mariolle-Pinguet de Saint-Quentin, qui en a un spécimen dans son exposition. Depuis lors tous les autres constructeurs les ont copiés servilement, et les réchauffeurs Horsin-Déon sont cette fois dans toutes les expositions ; Fives-Lille, Cail, Constructions mécaniques, etc. Nous donnons (fig. 33) le modèle de la maison Maguin qui diffère peu de ceux que nous avons fait construire dès le début.

D'ailleurs ce modèle se répand maintenant aussi en Autriche depuis quelques années, comme nous le voyons dans la collection de l'Ecole de Sucrerie de Prague, détrônant les réchauffeurs ouverts, encore construits en Allemagne en Russie et dans quelques établissements Autrichiens.

Après ce long préambule, nous allons passer en revue les Expositions particulières de 1900.

Exposition de la Compagnie de Fives-Lille. — La Compagnie de Fives-Lille a exposé une chaudière d'évaporation horizontale du type de celles que l'on construit en Autriche. C'est une caisse en forme tombeau, en tôle, surmontée d'un vase de sûreté horizontal et comportant dans sa partie inférieure un faisceau tubulaire représentant 300 m² de surface de chauffe. Les tubes sont en laiton, ont 20 mm de diamètre intérieur. Ils sont groupés par 8, chaque groupe retenu à chaque extrémité par une plaque de serrage formant joint étanche au moyen de rondelles en caoutchouc. Un seul boulon de serrage suffit donc pour faire le joint de huit tubes. Une boîte à vapeur en avant et une autre à l'arrière, divisées chacune en compartiments, force la vapeur à circuler dans les tubes comme dans plusieurs groupes de serpentins. L'eau condensée s'échappe de chaque compartiment par une tubulure, chaque compartiment ayant en plus une sortie pour les gaz ammoniacaux.

Cette chaudière est du type de celles que la Compagnie de Fives-Lille a construite pour le sextuple-effet de Cheikh-Fadl en Egypte.

La Compagnie de Fives-Lille a exposé également un réchauffeur tubulaire vertical de 40 m² de surface de chauffe. L'enveloppe cylindrique est en tôle, et les tubes intérieurs sont en acier. Elle montre en outre un réchauffeur horizontal de 50 m² de surface de chauffe à circulations multiples comme le précédent, destiné à être placé entre le dernier corps d'un appareil d'évaporation et le condenseur. L'enveloppe est en tôle et les tubes en acier. Le retour d'eau se fait par colonne barométrique.

On voit aussi un condenseur barométrique pour appareil d'évaporation et cuite.

C'est un appareil dit à contre-courant, la vapeur et l'eau suivant des directions différentes. Les meilleures dispositions sont prises pour que l'eau d'injection qui se fait en haut ne puisse pénétrer ni dans le tuyau d'aspiration de la pompe, ni dans les tuyaux d'arrivée de vapeur.

La dispersion de l'eau dans le condenseur se fait au moyen de cônes et parties tronconiques opposées au sommet pour former cascades.

La colonne barométrique est en fonte, sa base repose au fond du bac à eau sur fondation, et elle est suffisamment résistante pour supporter, sans aide, le condenseur à sa partie supérieure.

Entre le condenseur et la pompe à air, on a établi un vase de sureté pour recueillir les gouttelettes d'eau entraînées forcément avec l'air et les gaz évacués du condenseur. C'est un cylindre séparé en deux compartiments superposés et étanches. Ces deux compartiments communiquent par un robinet spécial extérieur. L'eau entraînée s'arrête dans le compartiment supérieur et passe dans le compartiment inférieur par le robinet. Quand le compartiment inférieur est plein, ce que l'on voit au moyen d'un niveau, on ferme le robinet, et l'on peut vider l'eau en ouvrant un autre robinet qui établit la communication avec l'atmosphère. Puis on ferme les robinets servant à la vidange, rouvre doucement le robinet spécial intermédiaire, et l'appareil se trouve dans les mêmes conditions antérieures.

Exposition de la Société Française de constructions-mécaniques (Anciens établissements Cail).— Un quintuple-effet, composé de cinq caisses ayant ensemble 1557 m² (fig. 34) avec lequel les exposants se proposent d'évaporer 1000 à 1200 hectolitres de jus par 24 heures en les portant à 28 ou 30° Baumé, ce qui dépend d'ailleurs de la densité du jus initial. Les caisses ont des surfaces qui vont en diminuant pour permettre d'exécuter les chauffages à effets multiples avec les premières caisses.

La vapeur arrive dans chacune des caisses en trois points équidistants de la circonférence, de manière à la distribuer convenablement et également dans tous les points de l'espace intertubulaire.

Les fonds des caisses sont en tôle d'acier par mesure de sécurité.

Fig. 34

L'arrivée du jus dans les caisses se fait par le fond sous une cloche de répartition. Le jus arrive donc dans le sens normal du mouvement ascendant à travers les tubes. La prise de jus se trouve alors au centre du gros tuyau central du faisceau tubulaire, à la hauteur à laquelle doit se tenir normalement le niveau du liquide. Les robinets de réglage sont donc sous le plancher, actionnés par de longues tiges à volant placées sous la main de l'évaporeur. L'aspiration du sirop se fait dans les mêmes conditions.

Pour empêcher les entraînements de jus avec la vapeur, les constructeurs ont employé tous les moyens connus et les ont réunis dans chacune des chaudières : haute calandre, cône renversé dans le haut de la calandre, larmier autour du chapeau, grand ralentisseur, paille de fer.

L'ensemble de cet appareil est très beau. Les ralentisseurs des cinq caisses sont placés bout à bout et ne forment qu'un long cylindre qui semble relier toutes les caisses entre elles, donnant une certaine originalité à la construction.

Les deux premières caisses, les deux plus grandes, sont égales. On ne peut donc chauffer qu'avec la vapeur de la seconde et de la troisième caisse. La quatrième et la cinquième caisse sont aussi de même surface.

La Société Française de constructions mécaniques a exposé, en outre, un réchauffeur de jus de 50 m² à six circulations.

La Maison *Mariolle-Pinguet et fils de Saint-Quentin* expose un réchauffeur vertical de 10 m² de surface de chauffe. Nous avons dit précédemment que c'est cette maison qui a créé le modèle sous notre direction, et que les autres n'ont fait que le copier.

Un système de quatre pompes à double effet de 120 de diamètre et 300 de course, destiné au service des eaux condensées, jus et sirop des appareils d'évaporation. Ces pompes sont établies pour pouvoir prendre directement l'eau chaude des premiers corps et les refouler sans intermédiaire aux générateurs. Elles sont toutes quatre actionnées par une bielle unique commandée par engrenages. Les clapets sont facilement accessibles et le tout est d'un très faible encombrement.

POMPES A AIR.

Nous trouvons, à l'Exposition, des pompes à air de tous modèles, plusieurs pompes à air sèches à tiroir, une pompe à air sèche à clapets.

Exposition Stork frères et Cie, à *Hengelo* (Pays-Bas). Cette maison a montré une pompe à air humide, mais sur un modèle spécial. Elle est du type dit *plongeur-torpille*, et la disposition de la pompe et des cla-

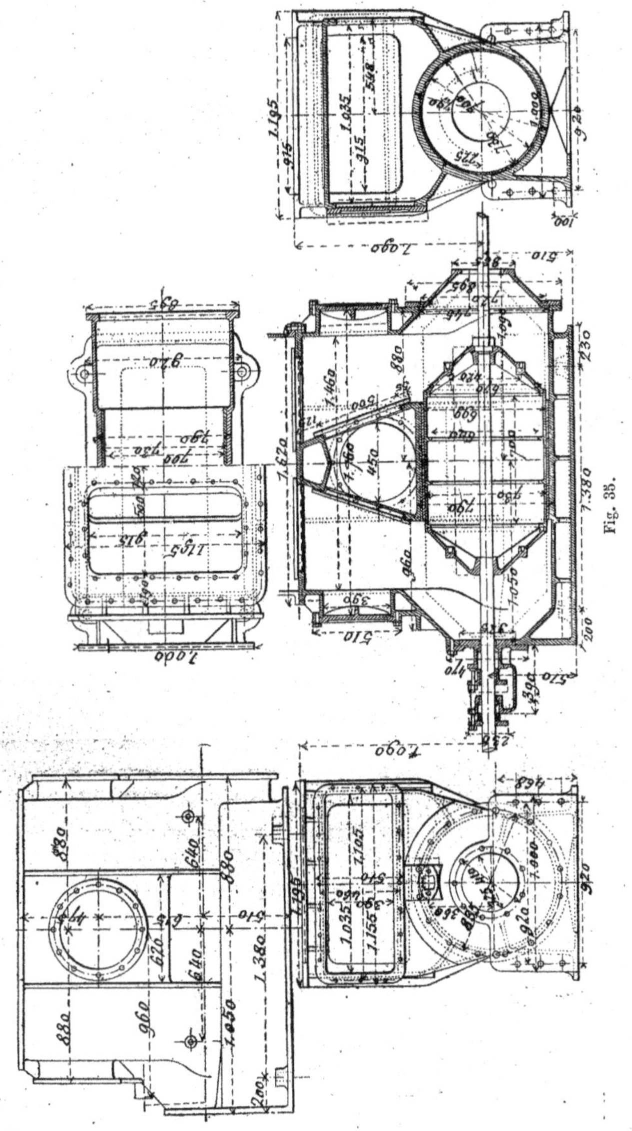

Fig. 35.

pets permet un grand nombre de révolutions, tout en marchant sans secousses et en produisant un vide parfait. Telle est la définition que les constructeurs donnent de cette pompe intéressante.

Et, en effet, cette machine a des dispositifs nouveaux qui valent la peine d'être décrits.

Le piston, fig. 35, est un long cylindre de bronze terminé par deux parties coniques en fonte. Le corps de pompe a une fourrure également en bronze. Les fonds du cylindre sont également coniques, épousant à peu près la forme des extrémités du piston. Il résulte de cette construction que le piston est constamment guidé par lui-même, que l'usure en est très faible, et l'étanchéité en est toujours parfaite, quoiqu'il n'y ait ni garniture ni segments. Donc, douceur dans la marche, effort moins grand pour la machine. De plus, le piston agit, non pas seulement par pression de sa surface, pression que la forme conique répartit mieux d'ailleurs, mais par son volume. C'est un cylindre métallique qui déplace un cylindre d'eau de même volume, comme font les pistons plongeurs. L'action sur la tige est donc moins brutale qu'avec les pistons ordinaires pour le même effort, ce qui permet de faire marcher la machine à telle vitesse que l'on veut.

Les clapets d'aspiration et de refoulement sont placés de même manière que dans les pompes à air de l'ancien type Cail. Mais les constructeurs leur ont donné un très grand développement. De plus, comme ces

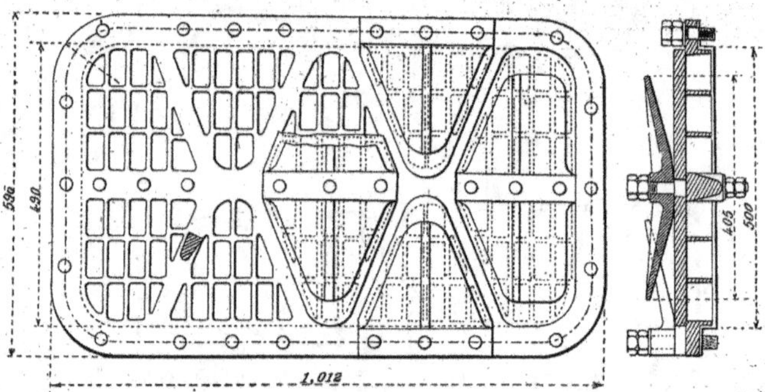

Fig. 36.

clapets doivent se soulever et se refermer rapidement, puisque la pompe marche vite, ils les ont étudiés spécialement. Et voilà ce qu'ils ont fait.

Au lieu d'un seul grand clapet en caoutchouc frappant sur une grille métallique, ils l'ont divisé en cinq groupes de deux clapets, fig. 36 ; seulement, ils ont donné à chaque clapet une forme triangulaire. Cette forme a l'avantage que le soulèvement du clapet est proportionnel à l'effet qu'il doit produire. et que pour un petit effet le soulèvement étant faible et sur le bout du clapet seulement, la fermeture en est plus vive. A l'aspect de la figure on voit combien il est facile de découper ces clapets sans perte dans une feuille de caoutchouc. La multiplicité des clapets était nécessaire pour donner plus de vitesse à la pompe et la forme très originale qui leur a été donnée ajoute encore à l'efficacité de cette multiplicité.

La pompe à air humide Stork est donc une nouveauté fort intéressante et qui permet de réduire beaucoup le volume encombrant de ces engins que l'on abandonne parfois à tort dans les sucreries.

Société Française de Constructions mécaniques (Anciens établissements Cail). — Les pompes à air sèches à tiroir que l'on ren-

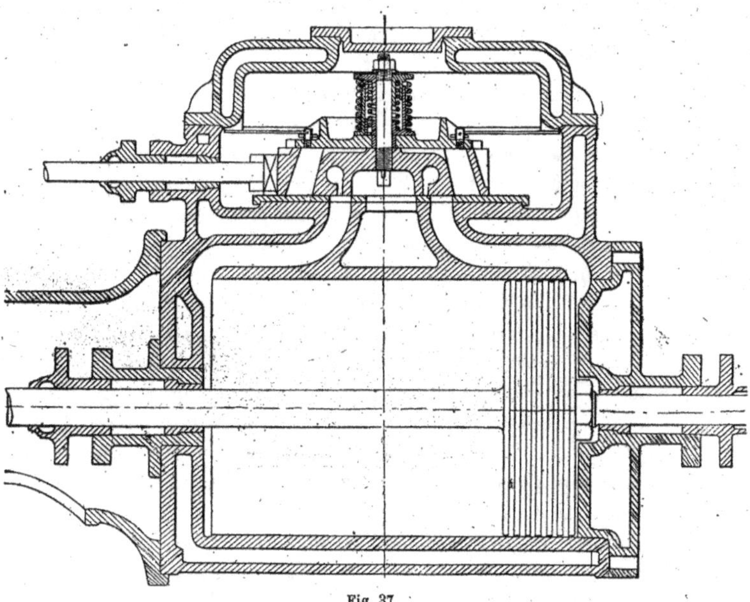

Fig. 37.

contre à l'Exposition dérivent toutes de la Burkhardt et Weiss. Les pompes à deux tiroirs n'y sont pas représentées. La pompe originale de ce système, dont nous donnons ici la coupe (fig. 37) présente cette particularité que le tiroir comporte dans son épaisseur une conduite circulaire qui débouche en deux fentes minces à droite et à gauche de la coquille. L'écartement de ces fentes est tel que, dans la position moyenne du tiroir, lorsque les canaux d'entrée dans les fonds du cylindre devraient être couverts, c'est-à-dire un instant avant que le piston soit à bout de course, ces fentes sont exactement en face des canaux. Il en résulte que l'air qui se comprime au fond du cylindre, lorsque le piston s'approche du fond, passe de l'autre côté du piston ; donc, à bout de course, il ne se trouve pas d'air comprimé dans le fond, et l'aspiration de la pompe commence aussitôt que le piston change le sens de sa marche. C'est cette disposition que l'on appelle un *égalisateur* de pression.

Grâce à cet égalisateur, les pompes Burkhardt et Weiss ont un rendement considérable qui s'élève au moins à 95 0/0. Pour plus ample informé nous renvoyons à notre « *Traité théorique et pratique de la Fabrication du sucre* » (E Bernard et Cⁱᵉ, Ed.).

Lorsque le piston revient en arrière, il refoule au dehors l'air aspiré antérieurement. Mais à ce moment, comme le canal d'aspiration est à peine couvert par le tiroir, il pourrait y avoir rentrée de l'air atmosphérique. On a obvié à cet inconvénient en munissant le tiroir, à la sortie de l'air, d'un clapet qui ne commence à se soulever que quand la pression du gaz comprimé fait équilibre à la tension du ressort qui appuie sur le clapet, ce qui donne le temps au tiroir de prendre sa position d'occlusion complète d'abord et ensuite d'ouverture sur l'aspiration.

Dans la pompe originale, le clapet est unique, maintenu par un fort ressort dont la tension est proportionnelle à sa surface.

C'est dans la forme de ce clapet que résident toutes les différences que l'on rencontre dans les pompes genre Burkhardt et Weiss exposées.

Au lieu de n'avoir qu'un clapet, les constructeurs ont imaginé d'en avoir deux ou plusieurs petits, avec ressorts plus faibles par conséquent. Il en résulte moins d'effort à la sortie de l'air, d'où moins de bruit, par conséquent moins d'usure. On est arrivé ainsi à rendre ces pompes presque silencieuses.

Avant de décrire les pompes exposées, nous ferons une critique générale à tous les constructeurs. Sous prétexte que l'air refoulé a le même volume que l'air aspiré, tous les constructeurs font le tuyau de refoulement de même diamètre que le tuyau d'aspiration. Et l'on remarque que si l'on met la main sur ces deux tuyaux de même diamètre, le tuyau d'aspiration est froid et le tuyau de refoulement est brûlant. Il y a donc au refoulement un travail considérable, c'est-à-dire une consommation de force inutile pour la machine. D'où vient cet échauffement ? C'est de ce que l'air dans le cylindre a une vitesse déterminée par celle de la course du piston. Admettons 1 m. Si le cylindre a 700 de diamètre, et le refoulement 150, le rapport des sections est 224. Donc, l'air dans le tuyau aura 22 m 4/10 de vitesse. Mais comme l'air ne s'échappe pas immédiatement, qu'il y a un temps perdu pour le soulèvement des clapets, environ 1/4 de la course, la vitesse de l'air au moment de sa sortie est de 28 m dans le tuyau. Et quelle est-elle sous les clapets ? C'est difficile à définir. De plus, ce n'est pas un écoulement régulier, c'est un choc que subit l'air au moment de sa sortie des clapets, au point que nous avons vu dans de grandes pompes le couvercle de la boîte à tiroir voler parfois en éclats comme trop faible. Il est donc évident que le tuyau d'échappement devrait être d'un diamètre plus grand que celui du tuyau d'arrivée, les clapets devraient être très nombreux, représentant une grande section, et les formes de la boîte d'échappement étudiées pour éviter les pertes de charge dues aux chocs inévitables, toutes imperfections qui échauffent l'air et prennent de la force, par conséquent coûtent du charbon en quantité équivalente à la température élevée du tuyau d'évacuation d'air.

Ces réserves faites, voici comment les différents constructeurs décrivent leurs pompes.

La Société Française de Constructions mécaniques qui annonce que sa pompe est du système Burkhardt et Weiss, dit cependant que « le refoulement de l'air s'effectue par une série de clapets placés sur le tiroir. Le fonctionnement est silencieux ». C'est donc un perfectionnement de la pompe originale. D'ailleurs, nous verrons que tous les constructeurs ont apporté le même perfectionnement dans leurs pompes, la différence consistant dans la forme et la disposition des clapets.

Enfin, ils ajoutent que les conduites de compensation ont une très grande section pour éviter les encrassements.

La pompe ainsi conçue doit donc être un excellent outil puisqu'on y a corrigé les principaux défauts que présentait la première invention de Burkhardt et Weiss.

La fig. 38 représente cette pompe. On voit que les clapets sont au au nombre de trente ou deux séries de quinze. Ils sont en bronze et re-

couvrent des lumières allongées ménagées dans la partie supérieure du
tiroir et dont ils épousent la forme. Ces clapets sont articulés de chaque
côté sur un arbre commun et équilibré.

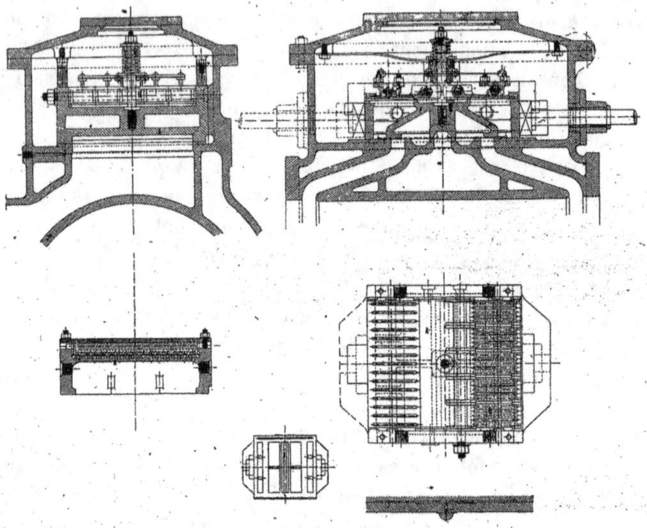

Fig. 38.

Le ressort qui les maintient en place est un fil d'acier de $0^m,75$ enroulé sur une tige de 18 mm qui ne sert que de guide, l'enroulement
formant un cylindre horizontal très flexible de 26 mm de diamètre. La
hauteur de soulèvement des clapets est réglée par une pièce reliée elle-
même à une plaque flexible en tôle d'acier de $2^{mm},5$, et le tout est attaché
à une chape en bronze retenue au centre du tiroir par une seule tige
munie d'un écrou de serrage ; mais entre l'écrou et la chape se trouve
encore un ressort à boudin en fils d'acier de 6 mm. Tous les efforts que
peut produire la sortie de l'air sont donc équilibrés par une série de ressorts de plus en plus puissants. C'est ce qui explique que la machine
puisse être silencieuse.

On voit avec quel soin cette pompe a été étudiée. C'est que ce clapet
des pompes à air sèches est le criterium sur lequel on doit les juger
puisque c'est le seul organe qui donne des difficultés dans leur
emploi.

La Compagnie de Fives-Lille a exposé une pompe à air sèche genre Burkhardt et Weiss qu'elle décrit ainsi : « Elle se compose d'un cylindre à air actionné directement par un moteur à vapeur à détente Rider.

« Le cylindre à air est à double-enveloppe dans la partie cylindrique, autour du conduit de distribution et dans les fonds, pour permettre une circulation d'eau évitant l'échauffement des organes pendant les périodes de compression ; ce cylindre est muni d'un piston à segments monté directement sur la tige du moteur.

« La distribution d'air, commandée par un excentrique calé sur l'arbre du moteur, est faite par un tiroir plan portant des clapets à ressorts genre *Corliss* pour l'échappement de l'air dans la boîte à tiroir qui communique avec l'atmosphère.

« La distribution du cylindre à air est disposée pour supprimer l'effet des espaces nuisibles. Les fonds du cylindre à air sont munis de soupapes de sûreté à ressort pour l'évacuation automatique, aux fins de course, de l'eau qui pourrait arriver à la pompe. »

On sait que les clapets à ressorts genre *Corliss* sont extrêmement légers et donnent une large ouverture pour un petit soulèvement.

Le choix de ces clapets ne pouvait donc être meilleur. De plus il est très facile de les démonter, de les remplacer s'ils sont avariés, eux ou leurs ressorts, en sorte que le nettoyage du tiroir est facile.

La pompe à air de la Compagnie de Fives-Lille, admirablement construite, a fait ses preuves et donne de bons résultats.

La Compagnie de Fives-Lille construit des pompes analogues pour le service du gaz carbonique ; car, avec les nouvelles carbonatations continues, il faut des pompes puissantes pour soulever la masse de jus beaucoup plus considérable que dans les anciennes chaudières.

La Maison *Mollet-Fontaine et Cie*, de Lille, montre une pompe à air sec horizontale, du même système, avec clapets dits *transatlantiques*. Le piston a 400 de diamètre et 300 de course. Cette maison emploie le même modèle pour les compresseurs d'air.

La Maison *Maguin* à Charmes, a créé un modèle qui diffère des précédents, quoique basé sur le même principe. (fig. 39 et 40). Le clapet pour l'échappement de l'air est unique, mais indépendant du tiroir, ce qui permet de lui donner un mécanisme aussi perfectionné que l'on désire.

Le tiroir proprement dit ne comporte que la coquille et l'égalisateur de pression, et est maintenu dans un cadre raboté sur ses deux faces.

Fig. 39.

Ce cadre se meut entre deux surfaces dressées, l'une constituée par le
cylindre lui-même avec ses lumières et l'ouverture d'aspiration, l'autre
qui porte une boîte cylindrique close sur laquelle se trouve le tuyau de
refoulement. C'est dans cette boîte que se trouve le clapet.

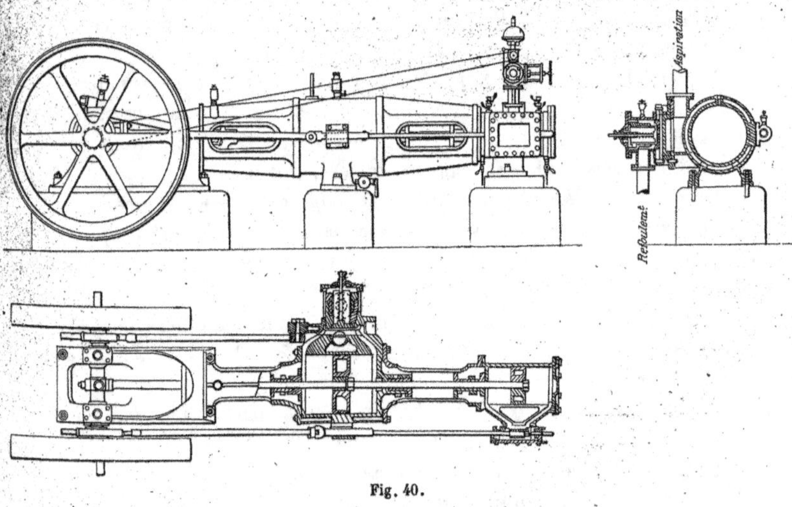

Fig. 40.

Le clapet a également la forme d'un cylindre. Il est creux et fermé sur un de ses fonds, lequel repose sur un siège et constitue le clapet proprement dit.

Il est maintenu en place par une tige de réglage et ressort à boudin.

D'autre part le corps cylindrique du piston alésé extérieurement, glisse dans une partie également alésée ajustée dans la boîte-enveloppe, et se trouve ainsi parfaitement guidée. Mais, en plus, il porte à la partie supérieure une garniture qui rend étanche le joint du cylindre avec son enveloppe, en sorte que l'air contenu dans cette partie de l'appareil se comprime à chaque soulèvement du clapet, forme matelas et amortit le choc. Aussi le constructeur peut-il dire que cette pompe fonctionne sans bruit.

La pompe à air Maguin se fait remarquer aussi par une particularité dans son agencement général. Le cylindre à air est au milieu du bâti, le cylindre à vapeur à une extrémité et la manivelle et les deux volants à l'autre. La tige du piston traverse donc le cylindre à air avant d'attaquer la bielle qui met les volants en mouvement. Il en résulte que le piston de la pompe est parfaitement soutenu et équilibré, et que l'on peut faire le montage de manière à faire marcher, soit par moteur, soit par courroie.

Sous cette forme nouvelle, la pompe à air est très intéressante.

La Nederlandsche Fabrick van Werktuigen en Spoorwegmaterieel te Amsterdam, a exposé une pompe à air sec dont le cylindre à air a un diamètre de 800 et une course de 800. Ce qui caractérise cette machine, c'est que l'aspiration et le refoulement de l'air se font par clapets ménagés dans le couvercle.

Les espaces nuisibles sont donc aussi faibles que possible. Ces clapets sont d'ailleurs facilement démontables de l'extérieur sans défaire les couvercles.

L'égalisation de pression se fait au moyen de rainures creusées dans la paroi du corps de pompe aux deux extrémités.

Travail de la masse cuite.

La plus grande nouveauté qui se soit produite en sucrerie depuis 1889, c'est la manière dont on conduit la cuite et dont on la travaille.

Jadis on faisait plusieurs cuites successives avec les égouts de turbinage, et les secondes et troisièmes, et quelquefois quatrièmes étaient emmagasinées dans des bacs nombreux, prenant un espace considérable, rangés dans des salles chaudes, à 30 ou 40°, et restaient ainsi de trois à six mois suivant les jets, attendant que la cristallisation veuille bien se faire. Ces salles appelées emplis, malsaines, souvent malpropres à cause du maniement difficile de ces substances visqueuses, étaient un embarras et une dépense considérable de chauffage, de temps, de personnel, et d'intérêt d'argent.

Aujourd'hui tout est changé. On ne fait plus que deux jets dont le second cristallise en six jours au plus. Le fabricant, huit jours après que la dernière betterave est passée au coupe-racines, est donc en possession de tout le sucre qu'il a pu retirer de son travail, de sa mélasse, et par conséquent est en état de recevoir tous les bénéfices que lui rapporte sa fabrication. Les emplis ont disparu complètement avec tous leurs ennuis.

Il est vrai de dire qu'à l'heure actuelle toutes les fabriques ne sont pas encore transformées. Il s'en faut même de beaucoup. Mais presque toutes sont en voie de transformation.

Et si cela ne se fait pas aussi vite qu'il le faudrait, c'est que le nouveau travail entraîne l'achat de tout un matériel spécial qui coûte cher, et qui est onéreux à bien des fabricants. Mais, petit à petit, chaque année nos industriels complètent leur machinerie et bientôt les emplis ne seront plus qu'un triste souvenir dont on a hâte de se débarrasser.

Le nouveau travail repose sur des données déjà anciennes, mais qui ont demandé beaucoup de temps pour se coordonner, s'ajouter les unes aux autres pour en faire un tout complet, constituant le procédé actuel.

Bien des fabricants disent : « Ah ! il y a vingt ans que j'ai fait cela pour la première fois, c'est du vieux neuf. »

En effet il n'y a rien de nouveau sous le soleil. Mais ce qu'il y a de nouveau c'est le fil conducteur qui a permis de faire un tout avec les éléments épars du vieux neuf.

Quel est l'auteur véritable ? c'est un peu tout le monde ; aussi beaucoup revendiquent-ils l'honneur d'être les auteurs du procédé.

Mais l'auteur principal c'est celui qui a poussé autrefois dans cette voie, pressentant l'avenir qu'il ne distinguait pas très bien encore. L'avenir a répondu à ses pressentiments, et, s'il y a des modifications réelles dans ses visées premières, il n'en est pas moins vrai qu'il a réellement été le premier promoteur du mouvement intellectuel de ceux qui ont creusé son idée. Et de l'ensemble de toutes ces idées est né le procédé actuel qui donne à la fin du travail des jus sucrés une tournure scientifique réelle, et la met à la hauteur de tout l'ensemble de la fabrication.

Cet auteur c'est un Autrichien, Steffen, qui est un véritable génie dans la matière, et qui, après avoir cherché à extraire le sucre de la mélasse, en est arrivé à régulariser le travail de la cuite et des bas produits.

Steffen, en effet, dans l'espoir de diminuer la quantité de mélasse, ou plutôt de faire cristalliser les dernières traces de sucre capables d'être extraites des égouts, avait indiqué une méthode de rentrées méthodiques des égouts dans la masse cuite. Il avait indiqué aussi un procédé d'extraction du sucre des masses cuites par lavage qui devait remplacer avantageusement le turbinage.

Mais vers la même époque on parlait déjà de l'influence du mouvement pour faciliter la cristallisation des égouts. Le Dr Wulf en 1885, puis Stammer et Bock en 1888 avaient obtenu des résultats remarquables dans ce sens.

En 1890, Raeymaeckers reprenant avec Steffen les procédés de rentrées méthodiques d'égout et les combinant avec la cristallisation en mouvement, créa toute une méthode de travail qui n'attendait plus que la sanction de la pratique pour se généraliser.

Or, en 1880 MM. Bocquin et Lipchinsky avaient imaginé un malaxeur destiné à remplacer les bacs où l'on coulait les masses cuites de manière à conserver à celles-ci leur fluidité tout en les refroidissant; ils voulaient ainsi éviter le travail pénible du pelletage et celui des triturateurs de masse qui brisent les cristaux.

Dans ces malaxeurs on coulait la claire que l'on ajoute ordinairement aux triturateurs.

On remarqua que dans les malaxeurs il y avait quelquefois augmentation du cristal de la cuite. Des discussions s'établirent sur ce point.

Mais chacun opérant différemment on ne put s'entendre. Et cependant c'est de là que naquit la cristallisation en mouvement.

Après ce court exposé historique nous allons décrire le système actuel tel qu'il se présente dans la généralité des cas.

Le travail qui se passe dans la chaudière à cuire est celui-ci.

On introduit dans la chaudière un sirop de sucrerie composé de sucre, de matières étrangères et d'eau. Le rapport du sucre à la matière étrangère est très grand, c'est ce que l'on peut appeler la *pureté* du sirop.

On évapore l'eau. Le sirop se sursature de sucre, et celui-ci se précipite à l'état de cristaux. L'*eau-mère* qui baigne les cristaux a la même composition que précédemment comme matières étrangères, mais le sucre a diminué, sa pureté est donc moins grande, et elle diminue d'autant plus qu'il y a plus de sucre précipité.

On est donc à chaque instant de la cuite en présence d'une eau-mère ayant une pureté que l'on peut déterminer à l'avance au fur et à mesure de l'avancement de la cristallisation.

La pensée de Steffen fut que, si l'on possède un égout de turbinage d'une pureté déterminée, on peut le rentrer dans la cuite au moment précis où l'eau-mère est à la même pureté que l'égout que l'on veut faire rentrer, et que dans ces conditions on ne trouble pas la marche de la cuite, et l'on a l'avantage de nourrir les cristaux de tout le sucre contenu dans l'égout rentré.

Si donc on a séparé les égouts de turbinage en riches, moyens et pauvres, on peut faire trois rentrées dans la cuite, vers le commencement, au milieu et à la fin, et l'on aura supprimé le travail spécial des égouts qui constitue les seconds jets et qui se fait ordinairement dans une chaudière spéciale.

Mais il en résulte aussi que la chaudière à cuire doit-être beaucoup plus grande qu'avec les installations ordinaires.

On ne doit pas rentrer totalement les égouts pauvres. On n'en rentre qu'une faible partie selon les besoins du travail. Le reste est cuit à part, et a la richesse des anciens troisièmes jets.

C'est ici que nous devons parler de la cristallisation, mais à la condition expresse qu'il y ait déjà des cristaux de sucre en présence qui servent d'*amorce*.

Aussi essaya-t-on la cristallisation des égouts pauvres amenés au point de cuite en présence d'une amorce constituée par du sucre turbiné que l'on jetait dans l'appareil Bocquin-Lipchinsky en même temps que coulait l'égout cuit. La réussite couronna de nombreux efforts, et, en s'y prenant bien, en huit jours on avait précipité ainsi tout le sucre cristallisable, n'obtenant comme résidu que la mélasse.

Cependant, au lieu d'amorcer avec du sucre turbiné qui coûte cher puisqu'il a déjà subi de la main-d'œuvre, on pensa qu'il valait mieux amorcer avec de la masse cuite non turbinée. Bien plus, on pensa aussi qu'en introduisant cette masse cuite dans la chaudière même où l'on cuisait les égouts pauvres, la nouvelle cristallisation commencerait déjà dans cette chaudière.

Cette nouvelle idée réussit encore. Aussi les chaudières à cuire les égouts pauvres sont-elles devenues aussi puissantes que celles des premiers jets, parce que l'on reconnut que plus lentement se faisait la cuite plus avancée était la cristallisation et plus efficace était l'effet des cristallisoirs.

Enfin on imagina de réunir cuite lente et mouvement dans la même chaudière, d'où est née la *cuite en mouvement*.

Telles sont les étapes par lesquelles a passé le travail des masses cuites depuis dix ans, et dont nous verrons les traces à l'Exposition.

CHAUDIÈRES A CUIRE

Exposition de la Société Française de Constructions mécaniques (Anciens établissements Cail). — Cet établissement a exposé une chaudière à cuire verticale à grande surface de chauffe, destinée à recevoir la vapeur de l'un des corps du quintuple-effet. C'est d'ailleurs un appareil de grande capacité, à évaporation lente, destinée aux masses cuites que l'on coule dans les malaxeurs (fig. 41).

Le type choisi par ces constructeurs n'était pas encore répandu en 1889 comme il l'est aujourd'hui. C'est ce que l'on appelle des chaudières à *lyres*, parce que la surface de chauffe est composée de sections de serpentins représentant grossièrement la forme de cet instrument de musique.

Ces lyres sont disposées par six dans le même plan horizantal. Il y a dix-huit plans de lyres partagés en trois faisceaux distincts.

L'une des extrémités de ces tuyaux de chauffage, qui sont des tubes d'acier de 50 mm, s'amorce dans une boîte pour l'admission de vapeur, tandis que l'autre débouche dans une autre boîte pour l'évacuation des eaux condensées. Les extrémités de ces tuyaux sont recourbées de telle sorte qu'elles arrivent normalement au plan des boîtes à vapeur, pour que les joints s'y fassent exactement sans déformation de la partie sertie.

Tous ces tuyaux sont d'ailleurs solidement soutenus pour que la masse cuite ne les déforme pas, et ils laissent entre eux une très grande place pour que l'écoulement de la masse se fasse facilement.

Les boîtes à vapeur sont partagées en trois chambres superposées

Niveau de la masse cuite
Sortie de vapeurs ammoniac.les
Retours
Parges
Soupape p.r prise de vapeur de jus
Soupape pour prise de vapeur d'échapp.t
Soupape p.r prise de vap.r directe

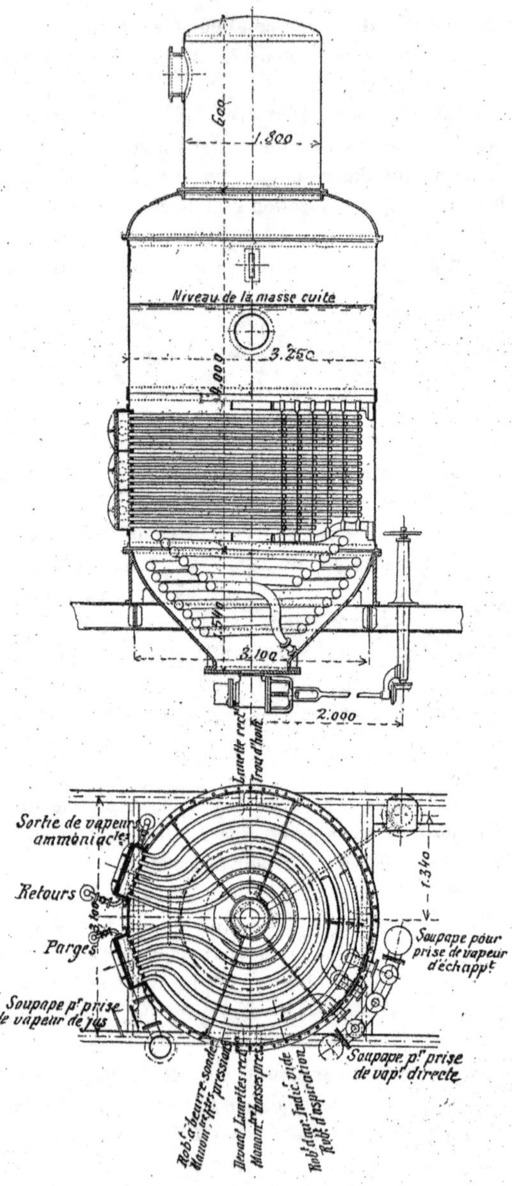

Fig. 44.

indépendantes, munies chacune de toute leur robinetterie, de manière à ce que l'on puisse admettre la vapeur successivement dans chacun des trois faisceaux de lyre au fur et à mesure que monte la cuite.

La chaudière se termine en bas comme toutes les cuites verticales par une partie tronconique qui contient deux serpentins en cuivre pour la vapeur directe.

Comme cette chaudière est destinée à couler aux cristallisoirs des cuites peu serrées, au lieu d'une grande porte d'évacuation on l'a munie d'un gros tuyau de sortie de 250 muni d'une vanne, laquelle est mue par engrenage conique au moyen d'une tige et d'un volant sous la main du cuiseur. D'ailleurs, cette disposition peut être remplacée par une porte de 900 mm de diamètre.

Le diamètre de cette chaudière est de .	$3^m,250$
Sa capacité utile	261 hectolitres
Surface de chauffe des lyres	$100\ m^2$
— des serpentins. . .	$33\ m^2$

La *Société des Constructions mécaniques de Saint-Quentin* a exposé également une chaudière à cuire à lyres, avec serpentin dans le fond conique. Les dispositions en sont à peu près les mêmes que celles de la chaudière précédente.

Exposition de la Compagnie de Fives-Lille. — Cette maison a exposé une chaudière à cuire d'un système tout à fait différent des précédents.

C'est encore une chaudière verticale à fond conique, avec serpentins de chauffage pour faire le pied de cuite. Mais la surface de chauffe centrale est tubulaire et verticale.

Cette surface de chauffe est constituée par un corps tubulaire complet, avec calandre extérieure, plaques tubulaires pour gros tubes, tube central de grand diamètre.

Ce corps tubulaire est solidement établi dans le centre de la chaudière à cuire, dont le diamètre est sensiblement plus grand que le sien, en sorte qu'il reste entre le corps tubulaire et la calandre de la chaudière un espace annulaire dans lequel se meut la masse cuite.

La vapeur est introduite dans le corps tubulaire par deux prises qui traversent par conséquent les parois de la chaudière.

Lorsque la masse a dépassé le corps tubulaire, elle prend un mouvement régulier, grâce à l'espace annulaire et au gros tube central, ce qui facilite le grainage.

Cette chaudière est d'ailleurs garnie de tous ses accessoires ; sa capacité utile est de 175 hectolitres ; la surface tubulaire a 80 m² et celle des serpentins 20 m. Cette grande surface tubulaire permet l'emploi de la vapeur prise sur l'un des corps de l'appareil d'évaporation ou de la vapeur de retour.

Exposition des Etablissements Maguin, à Charmes. — La maison Maguin a exposé l'appareil à cuire automatique de *Delavierre* (fig. 42).

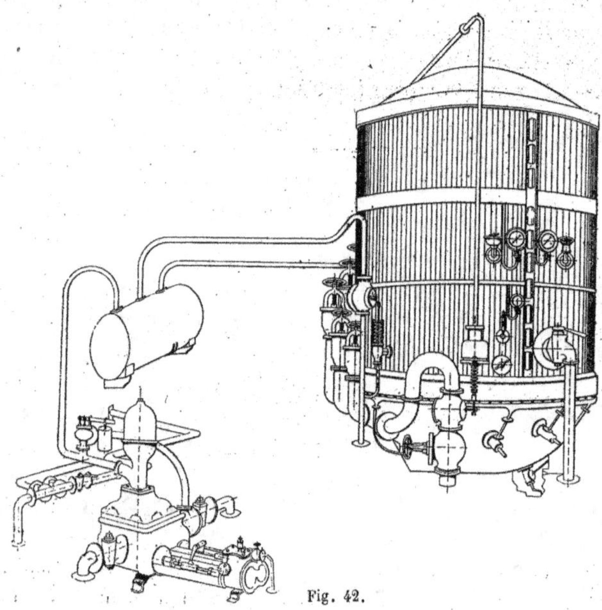

Fig. 42.

Nous ne saurions en donner une meilleure description que celle contenue dans notre « Traité de la Fabrication du Sucre », où nous en avons étudié complètement le fonctionnement.

J. Delavierre a cherché à rendre automatique la marche de l'appareil à cuire en profitant des variations du vide au-dessus de la masse, et de la pression dans le collecteur de vapeur pour agir sur des soupapes d'alimentation de jus et de vapeur.

Il commence par rendre le vide constant en agissant sur le robinet d'eau d'injection dans le condenseur par un régulateur automatique.

Le vide étant constant, il n'y a plus de variable que la température de la cuite et la pression de la vapeur de chauffage. Mais la pression de la vapeur de chauffe varie elle-même avec la température de la cuite, diminuant quand la température augmente et vice versa.

La pression dans le collecteur de vapeur est donc le témoin suffisant pour connaître la température de la cuite. Or celle-ci augmente quand la concentration du sirop augmente. Donc il suffira que la soupape d'alimentation s'ouvre automatiquement sous l'influence de cette augmentation de pression pour que la température de la cuite baisse à nouveau et que la pression dans le collecteur reprenne sa valeur primitive. D'autre part, la pression baisse dans le collecteur quand l'alimentation de sirop a été trop forte ; dans ce cas, un régulateur automatique peut ouvrir l'admission de vapeur jusqu'à ce que la pression soit redevenue normale.

Avec ces trois soupapes automatiques bien réglées, toutes les phases de la cuite sont bien réglées elles-mêmes, quelle que soit la nature du sirop, puisque si à la place de sirop normal on envoie un égout par exemple, son évaporation sera plus lente que celle du sirop ; par conséquent, dans ce cas spécial, la charge sera longue, la masse se refroidira et la vapeur s'ouvrira seule, opérations nécessaires pour l'évaporation de ce liquide et que ne manquerait pas de faire un cuiseur expérimenté.

Telles sont les conditions de marche de l'appareil Delavierre qui présente d'autres particularités intéressantes.

Dans les chaudières verticales, l'alimentation se fait par un tuyau plongeant dans la masse. C'est très mauvais parce que le mélange de la masse et du sirop ne se fait qu'en un point, à l'entour du tuyau d'injection, le reste de la masse ne profitant pas de la charge. Delavierre remédie à cette mauvaise construction en faisant l'alimentation tout autour de la chaudière par quinze injecteurs, dont quatre tout à fait dans le fond et onze autres sur le pourtour au niveau du premier serpentin. Ces injecteurs sont d'un petit diamètre, tous réunis ensemble par un collecteur. C'est une pompe qui refoule le sirop dans le collecteur sous une pression qui peut varier de 1 à 5 kg. Par conséquent, le sirop n'est pas aspiré comme à l'ordinaire, mais projeté violemment en quinze points différents de la masse qu'il pénètre profondément. Il y a donc toute chance pour que le mélange se fasse dans de bonnes conditions.

La pompe elle-même refoule le sirop dans un réservoir, sous une pression de huit atmosphères, en quantité beaucoup plus grande que ne demande l'alimentation. Mais une soupape de décharge fait retourner l'excédent au bac à sirop. C'est en agissant automatiquement sur cette soupape de décharge que l'on règle l'alimentation, attendu que si la soupape est ouverte en plein on n'alimente pas, et que l'alimentation est proportionnelle à la pression dans le ballon.

Tels sont les principes de cet appareil fort intéressant et fort bien conçu. Nous ne décrirons pas autrement ses organes, car il faudrait des dessins pour les faire comprendre. Mais cette démonstration est suffisante pour attirer l'attention de nos lecteurs comme il convient sur cet outil vraiment remarquable.

Exposition Mariolle-Pinguet, de Saint-Quentin. — Cette maison a exposé une chaudière à cuire d'une forme et d'une conception nou-

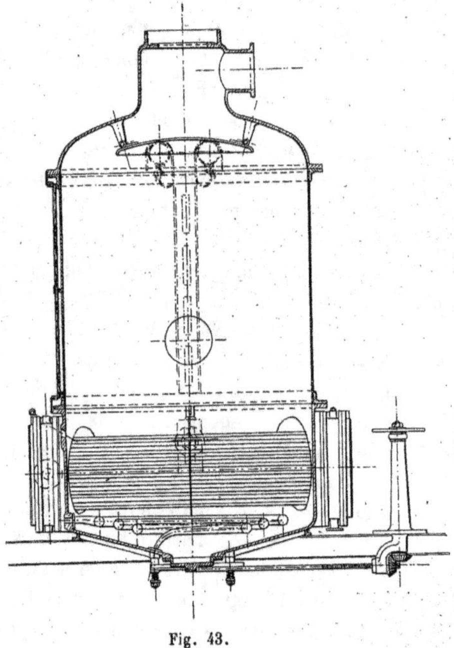

Fig. 43.

velles, destinée à conserver la forme verticale tout en adoptant le chauffage à grande surface des chaudières horizontales (fig. 43).

La calandre supérieure est cylindrique, comme dans une caisse verticale ordinaire.

La surface de chauffe est contenue dans une calandre cylindrique portant deux bossages opposés, lesquels sont garnis de plaques tubulaires et chambres de vapeur. Le circulation de la vapeur se fait donc à l'intérieur des tubes horizontaux. D'ailleurs, cette surface de chauffe est divisée en deux faisceaux pouvant recevoir les vapeurs du premier et du second corps du quadruple-effet.

Dans le fond conique se trouve un serpentin pour vapeur directe.

Le modèle exposé était une petite cuite de 50 hectolitres ayant 30 m² de surface, ce qui est parfaitement concordant.

Cet appareil a donc tous les avantages des chaudières horizontales autrichiennes, dont nous parlons ci-après, et par cela même est très intéressant pour les fabricants qui tiennent à la forme verticale à cause de son plus faible emplacement. Il serait à désirer de voir une pareille chaudière en grandes dimensions pour savoir si, comme le prétendent les constructeurs, cette forme cylindrique se prête mieux à la cristallisation et à l'épuisement.

Néanmoins, c'est un effort vers le nouveau qui mérite une réelle attention.

Exposition du Musée de l'Ecole I. R. polytechnique tchèque de Prague. — Nous trouvons là un modèle fort joliment fait, au quart de la grandeur naturelle environ, de la chaudière à cuire Lexa-Hérold (fig. 44 et 45).

Cette chaudière à grande surface de chauffe, a été construite pour pouvoir être chauffée par les vapeurs de deux corps consécutifs de l'appareil d'évaporation. C'est celle qui, au point de vue chauffage, réalise l'économie de vapeur la plus considérable, sauf la chaudière Mariolle-Pinguet. Toutes les autres chaudières que nous venons de citer, ou que nous citerons encore, n'emploient qu'une seule espèce de vapeur détendue, et de la vapeur directe. Nées après la chaudière Lexa-Hérold, les autres ne sont donc pas un progrès au point de vue économique.

La chaudière Lexa-Herold a, de plus, l'avantage d'avoir une hauteur de masse relativement faible par rapport à la surface de chauffe, ce qui facilite le mouvement de la masse, mouvement qui est réel, car une moitié de la surface de chauffe en hauteur étant attribuée à une vapeur plus froide que celle de l'autre moitié, le mouvement de la masse s'établit naturellement.

Enfin le chauffage avec des vapeurs plus froides que la vapeur directe,
l'absence complète de l'emploi de cette vapeur, donne des masses blon-
des absolument exemptes de caramélisation.

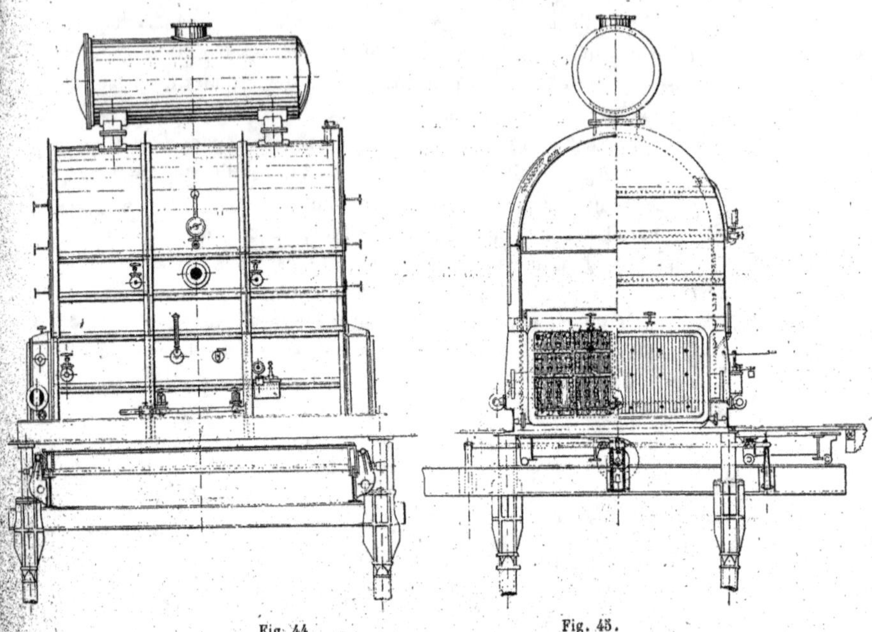

Fig. 44.   Fig. 45.

Ce sont toutes ces qualités qui la font adopter en Autriche de préférence aux chaudières verticales, trop hautes, nécessitant absolument
l'emploi de vapeur directe et ne permettant pas le chauffage méthodique.

Nous avons décrit trop souvent cette chaudière pour avoir besoin de
le faire encore cette fois. Disons cependant que les nouveaux procédés de
cristallisation en mouvement, qui nécessitent la confection de cuites
peu serrées, ont amené à modifier la vidange de manière à répoudre à
ce nouveau besoin. Le fond de l'appareil, au lieu de s'ouvrir tout d'une
pièce, comme pour le cas des cuites très serrées de premier jet, est
composé de trappes mues à la main ou hydrauliquement.

CHAUDIÈRES A CUIRE EN MOUVEMENT

Exposition de la Société Anonyme des Ateliers Patte, à Dour (Belgique). — *Chaudière à cuire Reboux.*— La première chaudière à cuire avec mouvement intérieur a été inventée en Belgique par Reboux. C'est une caisse horizontale cylindrique dont la surface de chauffe est formée par des tubes nombreux traversant la chaudière dans des plans perpendiculaires à l'axe. Entre les rangées de tubes se meuvent les bras d'un malaxeur dont l'arbre horizontal coïncide avec l'axe de la caisse.

L'appareil un peu primitif de Reboux a été fortement amélioré dans ses dispositions, et la maison Patte exposait une chaudière parfaitement conçue et de grandes dimensions (fig. 46).

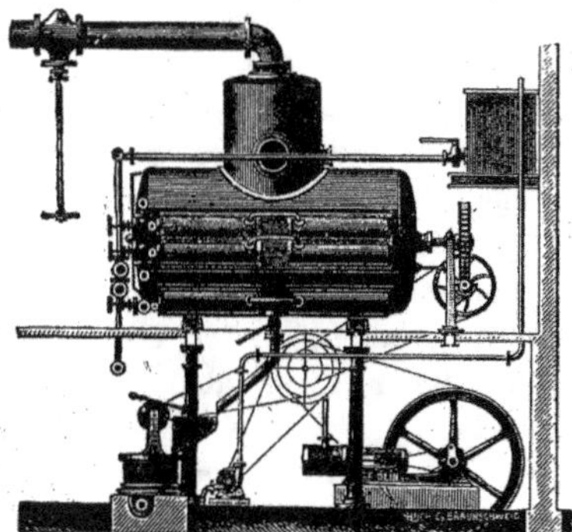

Fig. 46.

Le malaxeur prend son mouvement de même manière que dans les appareils ordinaires.

La vapeur de chauffage est reçue dans deux boîtes hémicylindriques boulonnées extérieurement à la chaudière, parallèlement à l'axe et superposées. Dans ces boîtes s'amorcent les extrémités des nombreux tubes que traversera la vapeur pour chauffer la cuite ; ces tubes contournant l'axe du malaxeur débouchent dans deux autres boîtes semblables aux premières mais placées sur la face opposée. La visite des tubes est donc très facile.

Le sirop entre dans la chaudière par une disposition analogue qui le répartit sur toute la longueur.

La nouvelle chaudière Reboux, ainsi construite présente donc une grande surface de chauffe, une faible hauteur de masse cuite, et la disposition du faisceau tubulaire inférieur permet de former un pied de cuite très réduit.

La fig. 46 représente l'installation complète de deux chaudières Reboux avec les turbines et le mélangeur de masse cuite dans lequel se vident les chaudières directement, sans bac intermédiaire, la masse étant parfaitement homogène. L'appareil Reboux marche alors comme simple mélangeur, la vapeur et le vide étant supprimés.

Exposition de la Société anonyme fabrique néerlandaise de construction de machines et matériel de chemins de fer à Amsterdam. — Les chaudières à cuire en mouvement autres que celles de Reboux sont toutes verticales, et, quoique des brevets nombreux aient été pris, elles se ressemblent à peu près toutes, et la différence ne consiste guère que dans le sens de rotation de l'hélice, donnant le mouvement à la masse de haut en bas ou de bas en haut suivant l'inspiration des inventeurs.

Ces chaudières sont surtout appliquées à la cuite en grains des bas produits, cuite qui dure très longtemps, comme nous l'avons expliqué précédemment, ce qui force à leur donner une très grande capacité.

La chaudière à cuire exposée par la Société Néerlandaise est du type *Lenze-Freytag*. Elle a 3 m de diamètre, 7 m de haut, une surface de chauffe de 130 m² et peut contenir 230 hectolitres de masse cuite (fig. 47).

La surface de chauffe est composée d'une caisse à vapeur tubulaire verticale placée à l'intérieur de la chaudière. Les tubes sont en acier et ont 980 mm de longueur et 97 mm de diamètre intérieur. Au centre est un tuyau de grand diamètre dans lequel fonctionne un arbre portant à son pourtour des rayons disposés en forme d'hélice.

Cet arbre traverse la coupole supérieure de la chaudière et une transmission d'angle lui donne un mouvement de 3 à 10 tours suivant la masse à traiter. Le sens de la rotation est choisi tel que l'hélice chasse la masse cuite du haut en bas du tube central et la force à remonter dans les tubes ou dans l'espace libre entre la caisse à vapeur et la paroi de l'appareil.

Le condenseur barométrique qui fait le vide dans cette chaudière est à contre-courant ; un vase de sûreté à colonne barométrique, placé à côté, arrête les traces d'eau qui pourraient être entraînées à la pompe.

L'appareil est monté sur un plancher en fer et colonnes de 4ᵐ,200 de hauteur, et forme un très bel ensemble.

Fig. 47.

Exposition Stork frères et Cie, à Hengelo (Pays-Bas). — Ceux qui ont pu suivre le montage de cette chaudière ont remarqué l'originalité de sa construction et son facile montage. En effet, la calandre est formée de segments en fonte qui se boulonnent les uns contre les autres. Elle a la forme sphérique, et, les pièces n'ayant pas un poids trop considérable, le montage en est très facile. Ce mode de construction est donc favorable aux transports dans les pays lointains.

Le chauffage se fait dans ces chaudières soit par serpentin, soit par un corps tubulaire, comme dans l'appareil précédent ou dans celui de Fives-Lille déjà décrit. Dans ce dernier cas, on installe dans le tuyau central une hélice mue de l'extérieur et qui dirige la masse vers le fond pour la faire remonter par les tubes de chauffage.

L'orifice de sortie se ferme par une vanne-glissière, ou par un clapet tournant pour le cas où l'on coule en malaxeur, comme à l'Exposition, vanne ou clapet recevant leur mouvement du dessus du plancher.

D'ailleurs tous les services de vapeur, de contrôle de cuite, etc., sont très bien disposés sur cet appareil.

Nous avons décrit antérieurement la pompe à air humide qui est reliée à cet appareil, et dont elle est séparée par un vase de sûreté du système König. Dans cet appareil, les gouttelettes sucrées sont recueillies par un grand nombre de tôles à rainures. On en dit beaucoup de bien.

La chaudière et ses services sont montés sur un plancher de 4 m au-dessus du sol. Sous l'appareil se trouve un malaxeur, et à côté, la pompe à air, le tout d'un très bel aspect et d'une facture très soignée.

On aperçoit une partie de cette exposition à gauche de la fig. 47.

APPAREILS ACCESSOIRES.

L'Exposition montrait dans différentes classes les appareils indicateurs de vide et de pression généralement usités dans l'industrie. Mais dans la classe 55, il n'y avait pas d'exhibition spéciale pour ce genre d'instruments.

Cependant, dans la vitrine de l'*Association des Chimistes de Sucrerie de France* se trouvait l'indicateur de vide et de pression à mercure de M. Horsin-Déon, qui est un perfectionnement de l'indicateur de vide qu'il avait exposé en 1889 (fig. 48 et 49).

L'appareil repose sur une plaque de fonte, portant aux deux extrémités deux boîtes reliées par deux tubes d'acier qui protègent un tube de verre placé entre eux un peu en arrière. Ces trois tubes communiquent entre eux. Le tube de droite et celui de verre par la boîte supérieure ; le tube de verre et le tube de gauche par la partie inférieure, formant un tube en ∪ dans lequel se trouve le mercure.

Une boule de purge placée en dessous de l'indicateur porte deux robinets.

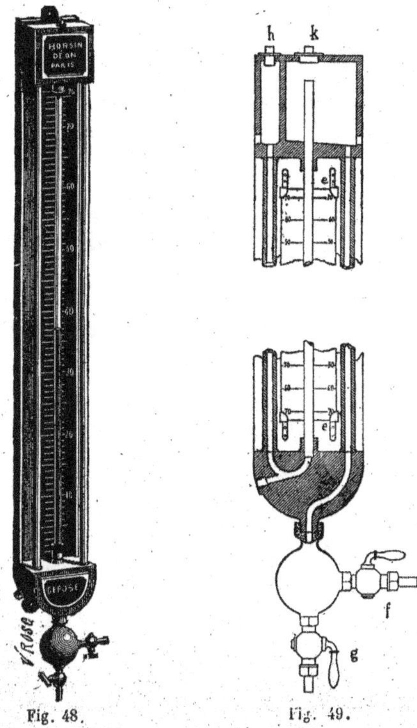

Fig. 48.   Fig. 49.

Le tube de verre est en verre mince ordinaire, d'un usage courant dans les laboratoires. Son changement est facile : il est réuni aux pièces de fonte par deux joints en forme de presse-étoupe.

Derrière le tube de verre se trouve une échelle graduée en *centimètres de mercure* de — 76 à + 76 *centimètres*, le **0** étant au milieu, et en *températures correspondantes*. Cette règle est en émail teinté de façon que le mercure tranche nettement sur elle ; de plus, elle a été placée aussi près que possible du tube de verre pour éviter les erreurs de lecture.

La boule de purge placée au bas de l'indicateur, communiquant avec le tube d'acier de droite et par suite avec le mercure contenu dans les deux autres, est munie de deux robinets à raccord. Celui du côté f est mis en communication par un tube avec le haut de la caisse du triple-effet dont on veut connaître la pression et celui du bas g avec le bas de la caisse suivante.

Ainsi l'indicateur étant placé sur la première caisse, le robinet f communiquera avec le haut de cette caisse, comme pour les manomètres métalliques, et le robinet g avec le bas de la deuxième caisse.

Cette disposition et la forme de l'appareil, font que toute l'eau condensée dans les tubes s'en ira dans la deuxième caisse et ne viendra pas s'accumuler sur le mercure. En laissant g faiblement ouvert, on n'influencera pas sensiblement l'indication de l'appareil.

Ce dispositif permet en même temps de contrôler la bonne marche de l'appareil d'évaporation, puisqu'il donne la facilité de s'assurer que la chute de température qui existe entre le haut d'une caisse et le bas de la caisse suivante reste toujours normale.

Dans l'Exposition du *Musée de l'Ecole I.R. polytechnique tchèque de Prague*, nous voyons un appareil fort intéressant et assez répandu en sucrerie, c'est le *Brasmoscope*, de J. Curin.

Cet appareil permet, par une simple lecture, de connaître la différence d'ébullition de la masse cuite et de l'eau, quel que soit le vide sous lequel on se trouve, et par conséquent de connaître ainsi la densité de la masse cuite à tous les moments.

L'appareil se compose d'une planchette sur laquelle sont réunis le thermomètre qui plonge dans la masse et un manomètre à mercure à deux branches donnant le vide dans l'appareil. Quand le vide augmente le mercure baisse dans la branche à air libre. Mais en même temps la température de la masse baisse également. Si donc on relie entre eux, par des traits, les degrés du thermomètre avec les degrés du baromètre correspondant à la tension de la vapeur d'eau à ces différentes températures d'après les tables de Regnault, lorsque l'on fera bouillir de l'eau dans l'appareil, le thermomètre et le baromètre se suivront exactement.

Mais comme nous avons du sirop dans la chaudière, le thermomètre sera toujours plus haut que le trait correspondant du baromètre. Curin a mis entre le thermomètre et le baromètre un curseur qui est divisé comme le thermomètre. Si on met son 0 au niveau du mercure du manomètre on lit immédiatement en face du mercure du thermomètre la différence d'ébullition de l'eau et du sirop, c'est-à-dire ce que l'on cherche à savoir.

Le curseur porte en face de chacun de ses degrés la densité de la masse ou plutôt de l'eau mère, en sorte que le cuiseur sait immédiatement, à la simple lecture, à quel degré de concentration il en est. De

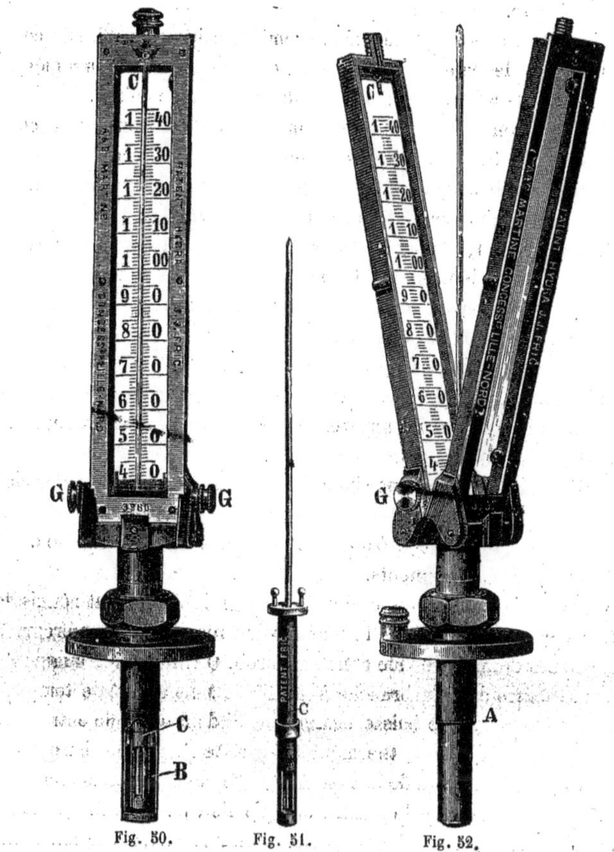

Fig. 50.   Fig. 51.   Fig. 52.

sorte que si l'on veut cuire à **10** 0/0 d'eau par exemple, il suffira de régler son curseur pour cette concentration et maintenir sans cesse son vide et sa vapeur de manière à ce que thermomètre et manomètre marquent toujours la différence qui correspond à cette composition.

C'est donc un appareil très recommandable.

Dans la même exposition, on trouvait le thermomètre de Fric, plus connu sous le nom de *thermomètre-Hydra*. Ce thermomètre se trouvait d'ailleurs aussi dans l'exposition Martine (fig. 50-51-52).

La figure représente un thermomètre à tige droite pour réchauffeurs, diffuseurs, etc. On le construit aussi à tige inclinée pour appareils d'évaporation, appareils de cuite, carbonatation, etc., pouvant s'appliquer sur paroi verticale, les divisions restant verticales.

L'enveloppe inférieure A est une gaine en fer contenant du mercure B. Le thermomètre prend donc la température du mercure. Il n'y a par conséquent entre le liquide chauffé et le thermomètre aucun espace vide qui ne soit métallique.

La boule du thermomètre est enfermée dans une autre gaine C qui plonge dans le mercure, et qui présente deux arrêts à la partie supérieure, rendant sa position immobile. Enfin, au sommet de la gaine A, se trouvent deux cadres mobiles sur charnière et qui se referment l'un sur l'autre faisant enveloppe à la tige du thermomètre. Ces deux cadres supportent deux plaques de verre sur lesquelles sont dessinées les divisions thermométriques. Le thermomètre est donc ainsi à l'abri des chocs. De plus, il est facilement changeable, s'il se casse, puisqu'il suffit d'ouvrir l'appareil, d'enlever la gaine C et d'y introduire un nouveau thermomètre.

Comme il y a une différence inévitable d'un thermomètre à l'autre, des vis G permettent de régler la hauteur de la tige pour que ses indications tombent exactement sur le degré correspondant de l'échelle.

Ce réglage se fait au moyen d'un thermomètre étalon. A cet effet, sur un appareil quelconque muni du thermomètre Hydra, on établit une gaine de contrôle semblable à C, et dans laquelle on plonge le thermomètre étalon, et l'on regarde si le thermomètre Hydra en essai marque la même température.

MALAXEURS.

Nous avons dit que depuis quelques années on coulait la masse cuite dans des *cristallisoirs* munis d'un agitateur, et qu'on l'y laissait pendant un temps plus ou moins long selon le degré d'épuisement que l'on voulait atteindre, tout en la refroidissant au moyen d'un courant d'eau. C'est ce que l'on est convenu d'appeler, à tort ou à raison, la cristallisation en mouvement.

Les cristallisoirs en mouvement varient de forme suivant le travail qu'on en attend. L'Exposition ne nous en montrait que deux modèles.

Exposition Stork frères et Cie, à Hengelo (Pays-Bas). — Le malaxeur construit par cette maison est un cylindre horizontal. A la partie supérieure, il porte une ouverture pour l'emplissage ; en dessous, une vanne de vidange. Le refroidissement de la masse se fait par courant d'eau dans une double enveloppe. L'agitateur est en forme d'hélice et est mû, suivant la méthode généralement adoptée, par engrenage et vis sans fin.

Exposition Maguin, de Charmes (France). — Le malaxeur exposé par la maison Maguin est celui de M. *Ragot*, directeur de la grande sucrerie centrale de Meaux. La caractéristique de ce malaxeur est son mode de refroidissement. C'est un demi-cylindre horizontal en tôle, rehaussé verticalement d'une quantité un peu plus grande que son dia-

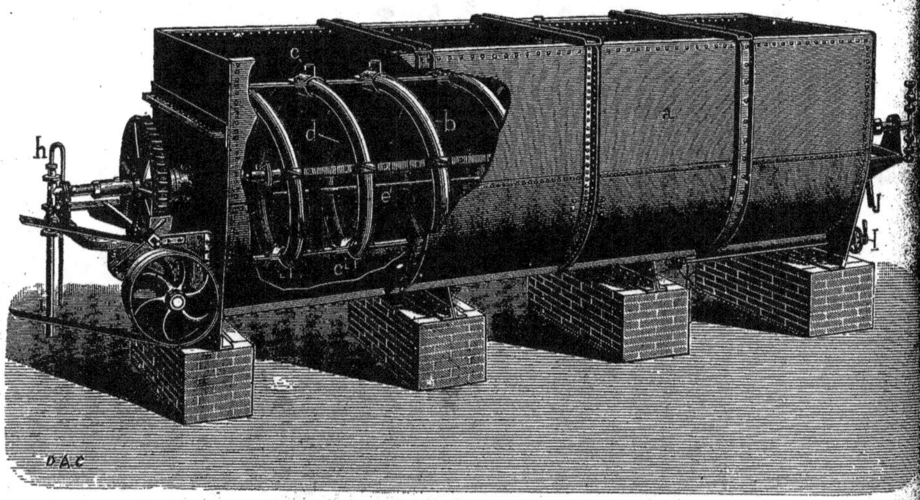

Fig. 53.

mètre, ouvert et sans double-enveloppe (fig. 53). C'est l'agitateur qui sert au refroidissement de la masse.

A cet effet, il est formé par un serpentin relié à un axe par des bras, et portant à sa périphérie des palettes pour bien effectuer le mélange. L'eau entre par une des extrémités de l'axe, se répand dans le serpentin et sort dans une éprouvette où l'on peut prendre sa température, ce qui sert à en régler le débit.

Cette disposition a l'avantage de mettre la source de refroidissement au sein même de la masse, au milieu de laquelle elle change de position à chaque instant, en sorte que sa température est plus uniformément régulière, et l'indication est plus exacte.

On peut donc régler et suivre le travail avec plus de sécurité que dans tout autre système.

TURBINAGE.

Le turbinage s'est maintenu à peu près tel qu'il était en 1889 avec cette différence que l'on s'applique beaucoup plus à séparer les égouts riches des égouts pauvres. De plus, la vidange par le fond du tambour s'est répandue assez généralement, car la main-d'œuvre est ainsi simplifiée.

Enfin, on tend à répandre l'usage de mettre un moteur spécial à chaque turbine, ce moteur étant à action directe sur l'axe vertical, soit à vapeur, soit hydraulique, soit électrique.

La turbine prend de ce fait un aspect nouveau qui la différencie d'avec les modèles que l'on a vus à la dernière exposition universelle.

Exposition de la Compagnie de Fives-Lille. — La Compagnie de Fives-Lille a exposé un *malaxeur-élévateur* de masse cuite destiné à

Fig. 54.

élever la masse des cristallisoirs en mouvement ou autres au niveau du distributeur des turbines.

Ce appareil (fig. 54) se compose d'une trémie dans laquelle tombe la masse cuite. Cette masse est désagrégée, malaxée par un tambour armé de dents passant dans des peignes fixes, et tombe dans une capacité inférieure qui est mise alternativement en communication, par le jeu d'un piston, avec l'intérieur d'un corps de pompe à simple effet. Ce piston démasque d'abord des orifices pratiqués dans la partie supérieure du cylindre, et la masse se précipite dans le corps de pompe. Au retour du piston les orifices sont masqués de nouveau, et la masse est refoulée dans un gros tuyau jusqu'au point de destination, en traversant un clapet de retenue qui maintient la colonne pendant les périodes d'aspiration.

Cet appareil est très pratique et répond parfaitement à son but, surtout avec les masses de malaxage. Car, si homogènes qu'elles soient, ces masses contiennent encore des agglomérats qu'il est indispensable de broyer avant le turbinage ; si on ne prend pas cette précaution, on s'expose à des ennuis, surtout si l'on veut blanchir le sucre dans la turbine.

La Compagnie de Fives-Lille a exposé une *turbine avec moteur électrique à courant triphasé* (fig. 55). — Le tambour mobile a $1^m,250$ de diamètre et $0^m,400$ de hauteur. Il est calé sur la tête d'un arbre vertical, dont le pivot inférieur repose sur une crapaudine entourée d'une boîte de protection. Un levier permet de rattraper le jeu qui pourrait se produire par l'usure. Un collier placé à la base du tambour maintient la verticalité.

L'enveloppe du tambour diffère peu de celle des turbines ordinaires, mais le fond présente trois baies pour l'évacuation du sucre. Un écran à trois ailes glissantes, démasque ou recouvre ces trois ouvertures d'un seul coup.

Le tambour est entièrement en tôle et tourné dans toutes ses parties. Les sabots du frein agissent sur une bande circulaire réservée à la partie inférieure du tambour, au-dessous du fond.

Sur l'arbre, assez bas au-dessous du tambour, se trouve calé le moteur électrique à courant triphasé faisant 900 tours par minute. La mise en marche et l'arrêt de ce moteur se font au moyen d'un interrupteur tripolaire dont la manœuvre est combinée avec celle du frein.

Le moteur est enfermé dans une enveloppe en tôle présentant deux larges ouvertures se faisant vis-à-vis pour les réparations. Cette enve-

loppe est elle-même au centre d'un cylindre en fonte faisant support
général à tout le système. Entre l'enveloppe en tôle et le cylindre existe
un espace vide qui sert de trémie pour le sucre évacué de la turbine.
Ce sucre tombe dans un entonnoir qui termine l'appareil à sa partie
inférieure et de là se rend sur un transporteur quelconque.

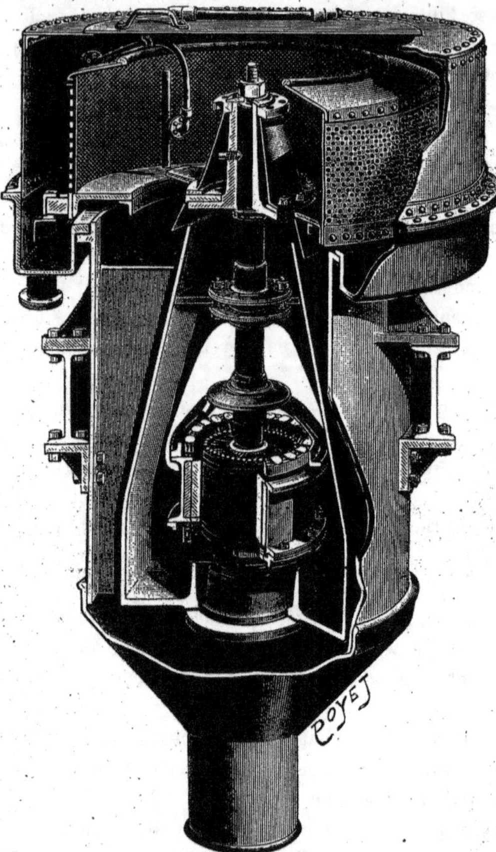

Fig. 55.

Ces turbines électriques marchent fort bien, fort régulièrement et
sans à-coup. La mise en marche est douce et n'offre aucune difficulté.
Avec les progrès actuels de l'électricité on arrive à faire ainsi des appa-

reils parfaits sous tous les rapports. Aussi nos grandes sucreries se lancent-elles résolument dans l'application de ce système.

Nous verrons plus loin le même principe appliqué par la Compagnie de Fives-Lille à des turbines beaucoup plus puissantes destinées à la raffinerie. Terminons en disant que la partie électrique de ces appareils est construite par la Société de Fives-Lille dans ses ateliers de Givors (Rhône).

Exposition de la Société française de Constructions mécaniques (anciens Etablissements Cail). — Dans cette belle exposition on voyait un appareil à force centrifuge à grand débit actionné par un électromoteur. Son tambour a $1^m,250$ de diamètre, sa charge est de 200 kg. de masse cuite, et l'on peut faire huit à douze opérations par heure, suivant la nature et la masse. Ce tambour est en tôle d'acier embouti. La vidange se fait par le fond au moyen de deux ouvertures fermées par des trappes.

L'arbre vertical est guidé dans de longues douilles en bronze et supporté par une crapaudine de forme spéciale. Douilles et crapaudine sont graissées automatiquement, et l'huile ayant servi est recueillie dans un bac placé dans les fondations pour être utilisée de nouveau.

L'électromoteur calé sur l'arbre de la turbine est construit par la Société Bréguet. Il est à courants triphasés de 65 ampères et 300 volts. La vitesse est de 940 tours par minute. La mise en route développe une force de 12 à 15 chevaux, et, pendant la marche, la turbine ne prend plus que 5 chevaux.

L'arrêt se fait au moyen de deux freins, l'un électrique et l'autre à friction.

On trouvait aussi dans cette exposition un autre appareil centrifuge intéressant. C'est une turbine de l'ancien modèle Cail transformée pour la munir d'un moteur électrique.

La turbine reste telle qu'elle est avec son arcade et ses accessoires ordinaires. Seulement le cône de friction est remplacé par un électromoteur. A cet effet, l'arbre a dû être prolongé ; mais on a fait ce prolongement au moyen d'un arbre spécial à l'électromoteur relié à celui de la turbine par un embrayage permettant une légère variation dans l'alignement des trois douilles de guidage.

L'électromoteur est à courant continu. Au démarrage l'intensité est de 135 ampères et tombe ensuite à 18, la tension du courant étant de 106 à 110 volts aux bornes.

La vitesse de rotation est d'environ 1 220 tours. La mise en marche et l'arrêt se font au moyen d'un commutateur monté sur l'appareil et le frein ne peut agir qu'après la mise hors circuit du moteur. Un rhéostat de démarrage est placé à proximité de la turbine.

La turbine Cail conserve ainsi toutes ses qualités bien connues et son maniement n'en est que plus facile.

Dix-huit turbines Cail ont été ainsi transformées à la sucrerie de Meaux.

Exposition Mollet-Fontaine et Cie, de Lille (Nord). — Cette maison construit plusieurs types de turbines, entre autres la turbine Adant que nous décrirons plus loin, à propos du raffinage.

Elle a exposé deux grandes turbines pour sucrerie, dont le tambour a 1^m,250 de diamètre et 450 mm de hauteur, l'une à commande électrique, l'autre à commande par courroie.

Le tambour est en tôle d'acier emboutie, avec vidange en dessous par deux trappes ménagées dans le fond.

Le moteur électrique est construit par la Société Gramme, à courants continus. Il est à enroulement compound, l'un des circuits étant en dérivation pour limiter la vitesse maxima de l'appareil et l'autre en série pour produire un démarrage rapide, grâce au couple puissant qu'il forme.

L'appareil de démarrage est automatique. Il est composé sommairement de deux solénoïdes dans le prolongement l'un de l'autre et d'un noyau en fer doux se déplaçant à l'intérieur.

Le frein commande un commutateur à contrepoids pour arrêter le courant avant qu'il entre en fonction. Enfin, un brise-courant automatique est établi pour le cas de marche anormale de la turbine.

Le graissage de toutes les parties frottantes est automatique.

Exposition Mariolle-Pinguet, de Saint-Quentin. — On trouve dans cette petite exposition, si intéressante par ses nouveautés, une turbine avec moteur à vapeur placé directement sur l'axe de rotation (fig. 56).

Le tambour a 1^m,250 de diamètre. Il est en tôle emboutie d'une seule pièce avec vidange par le bas. C'est donc un grand modèle. La vidange se fait au moyen de deux ouvertures ménagées dans le fond du panier, mais par une seule à la fois, et lorsqu'on l'a amenée au-dessus d'un transporteur dont le caniveau est ménagé dans le corps même du bâti de la turbine.

Ce bâti est une cuve en fonte surmontée d'une arcade. L'arbre vertical est guidé en haut par une longue douille en bronze et son pivôt est monté sur billes baignant dans l'huile.

Un rattrapage de jeu au moyen d'une vis est établi à la partie inférieure.

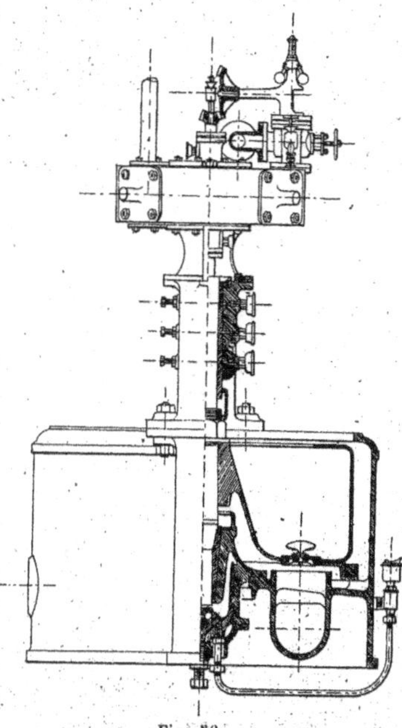

Fig. 56.

Le moteur est à la partie supérieure sur l'arcade. Il est à quatre cylindres, à détente, avec marche dans les deux sens. L'avantage de la vapeur est de pouvoir régler la vitesse en ouvrant plus ou moins le régulateur et d'obtenir rapidement le démarrage en se mettant en pleine pression.

Le graissage des douilles et pivôts est parfaitement assuré, et l'appareil dans son ensemble est très robuste et très étudié.

Son montage est très simple, puisqu'il suffit de le fixer sur fondation avec quatre boulons et de le relier à la conduite de vapeur.

Les turbines avec leur moteur spécial à vapeur, à eau ou électrique sont appelées à un grand avenir. Car si l'on admet même une consommation de vapeur plus grande par les petits moteurs à vapeur du genre

de celui de MM. Mariolle-Pinguet, ce qui n'est pas prouvé, il y a encore
économie par la suppression de la transmission et des courroies qui
mangent tant de force et qui ont tant d'inconvénients multiples.

Procédés divers de Fabrication.

Nous avons passé en revue les postes principaux de la fabrication du
sucre. Mais il y a des détails et des procédés divers qui méritent l'attention des spécialistes, car souvent les détails de matériel, en procurant
plus de facilité dans les opérations, en assurent le succès.

Quant aux procédés divers qui s'utilisent en sucrerie, ils assurent
parfois à celle-ci un plus grand rendement ou une plus grande facilité
dans le travail, et par conséquent sont des annexes des plus utiles à tous
égards. Et même ceux qui ne sont pas répandus encore, qui naissent
seulement, ou que leur prix de revient actuel ne permettent pas d'appliquer, seront peut-être un jour les sauveurs de l'industrie dans les
temps difficiles que cette industrie aura à passer. Il ne faut donc pas
les négliger non plus.

L'Exposition malheureusement était assez pauvre sous ce rapport,
mais le peu qui y était nous permettra de parler de choses fort intéressantes.

ACIDE SULFUREUX.

L'emploi de l'acide sulfureux en sucrerie était fort restreint en 1889,
aussi l'Exposition ne présentait-elle aucun spécimen d'appareils spéciaux.

En 1900 au contraire, il y a fort peu de sucreries qui ne sulfitent pas
leurs jus ou leurs sirops, tandis que beaucoup sulfitent jus, sirops, même
égouts de turbinage.

Les appareils de sulfitation ne sont pourtant que peu représentés. Et
la raison en est que les fours à soufre sont tellement répandus, tellement connus, que beaucoup ne voient là aucune matière à exhibition.
Cependant nous regrettons l'abstention de maisons françaises qui ont
fait de ces appareils une véritable spécialité. Mais les deux expositions
qui nous permettent d'en parler représentent bien la question. Aussi
entrerons-nous immédiatement dans le sujet.

Exposition Mariolle-Pinguet et fils de Saint-Quentin. — Les fours
à soufre se composent simplement d'une chambre close en fonte dans

laquelle on allume du soufre, et l'on y entretient la combustion en y
soufflant de l'air avec une pompe. Le tuyau de dégagement doit être

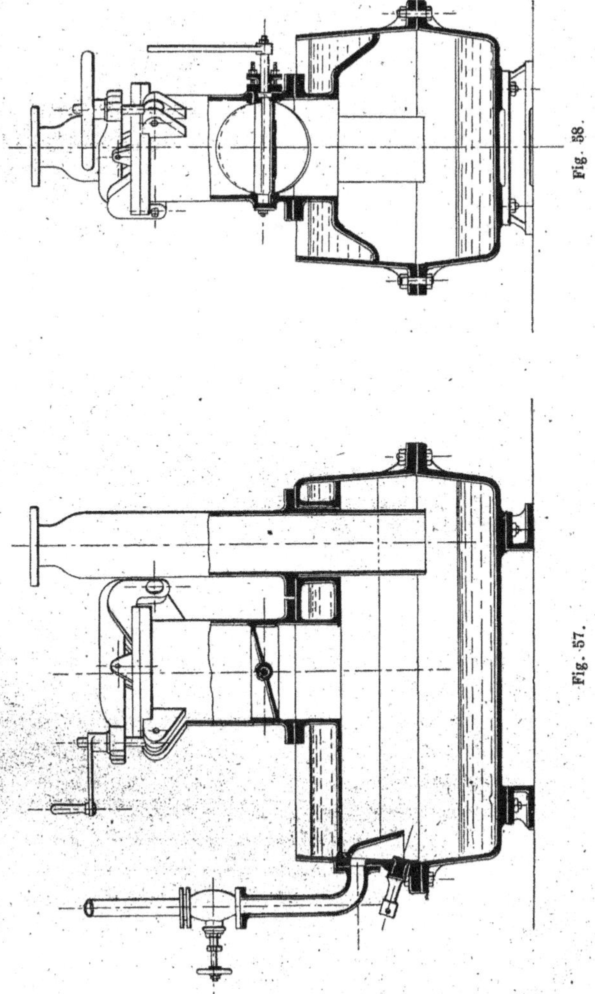

fort large et suivi d'un *sublimateur* pour recueillir le soufre en vapeur
qui ne brûle pas et se sublime, au point d'obstruer les tuyaux si le su-

blimateur est insuffisant ou insuffisamment refroidi. Enfin, l'air que l'on souffle doit être sec pour ne pas former d'acide sulfurique avec l'acide sulfureux et l'eau, aussi le dessèche-t-on par un passage sur de la chaux.

Tels sont les éléments principaux d'un four à fabriquer l'anhydride sulfureux gazeux.

La maison Mariolle-Pinguet expose le *four Vonhof*.

On le voit en coupe suivant l'axe dans la fig. 57 et en coupe perpendiculaire à l'axe fig. 58. C'est une simple cuve en fonte, close partout, et pouvant s'ouvrir suivant un plan horizontal en déboulonnant les deux parties qui la composent. Mais cette opération ne se fait jamais en marche. Elle ne sert qu'au montage ou au remplacement d'une partie usée.

L'air est soufflé au moyen d'un tuyau muni d'un robinet, placé ici à gauche de la fig. 57. L'air rencontre dans l'intérieur de la cuve un volet qui le force à s'étaler à la surface du soufre liquide en combustion.

La sortie du gaz se fait à l'autre extrémité, par un gros tuyau vertical dont la base est très rapprochée du soufre pour forcer l'air à lécher une dernière fois la surface de celui-ci.

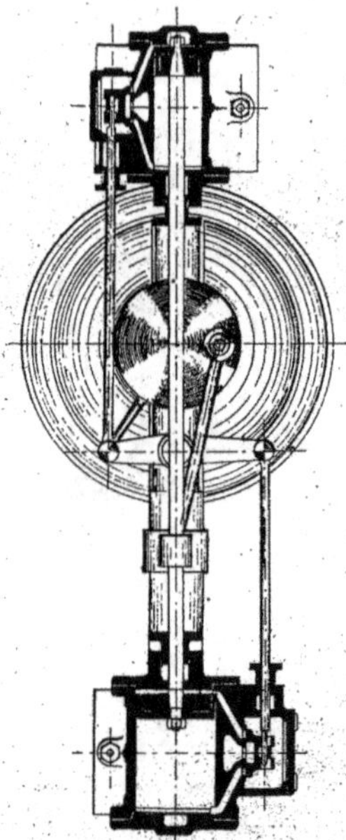

La cuve est vaste, les gaz ont tout l'espace nécessaire pour se brasser convenablement, condition indispensable pour une bonne combustion.

Enfin, sur la cuve se trouve un réservoir d'eau pour refroidir les gaz, sans quoi ils atteindraient la température de la dissociation et le gaz obtenu serait peu riche.

Le chargement du soufre dans le four est une difficulté, car le gaz sulfureux est tellement délétère que c'est une souffrance considérable pour les ouvriers qui sont obligés d'ouvrir un four pour le recharger.

Le *four Vonhof* tourne la difficulté de la manière suivante :

Au centre du four est une trémie fermée par le bas au moyen d'un clapet en forme de papillon, et, par dessus, par une porte bien hermétique. Pour charger le four, on assujettit bien le papillon, on ouvre la porte de la trémie, on y verse une

Fig. 59.

charge de soufre, on ferme la porte et on fait enfin manœuvrer le papillon. De la sorte, le peu de gaz que le papillon laisse passer est peu incommodant et les ouvriers n'ont qu'à se garer un peu de côté pour ne pas le respirer.

Enfin, au commencement, l'allumage du soufre se fait en introduisant dans le four une pièce de fer rouge par un tampon que l'on voit à gauche sous le tuyau d'arrivée d'air.

Ce four Vonhof est donc parfaitement étudié et sa description donne à peu près celle de tous les autres, avec la supériorité de la trémie de chargement qui lui est particulière.

La pompe employée pour y refouler l'air est celle de la figure 59. C'est une pompe murale avec moteur à vapeur et volant. Le tiroir de la pompe et celui du moteur sont actionnés ensemble par le même bras de levier, et une petite excentrique placée sur l'axe du volant.

Exposition de la maison Maguin, de Charmes. — Cette maison qui revient souvent dans nos descriptions, a exposé le four *Quarez* qu'elle construit, et dont la marche est toute différente de celle des autres fours (fig. 60).

En effet, au lieu de refouler l'air par une pompe dans le four, on produit une aspiration du gaz sulfureux, en sorte que l'air arrive naturellement à la pression atmosphérique sur le soufre en combustion. Il n'y a donc plus de pression dans le four, plus de fuites à craindre, plus d'asphyxie à redouter de la part des hommes. Le chargement se fait en marche, par petites portions. Le four n'a plus besoin d'être de si grandes dimensions puisqu'il n'a pas de réserve de soufre. C'est donc une excellente disposition.

Le four est représenté ici, à droite de la figure, sur une console attenant à un bac. L'air, avant d'entrer dans le four, traverse une boîte pleine de chaux placée au-dessous ; enfin, on voit le bassin d'eau placé au-dessus pour rafraîchir le plafond du four. Au-dessus et en arrière se trouve le tuyau d'échappement de gaz sulfureux entouré d'une chemise permettant une circulation d'eau ; c'est le sublimateur.

L'aspiration de gaz est faite par une trompe que l'on reconnaît facilement à sa forme, immédiatement après le sublimateur et qui est verticale. Mais c'est ici que l'appareil prend son véritable cachet d'originalité.

Le liquide à sulfiter se trouve dans le bac qui sert de support à tout le système. A gauche sur le dessin, on voit une pompe. Cette pompe prend le liquide dans le bac, le refoule dans la trompe, et le liquide revient

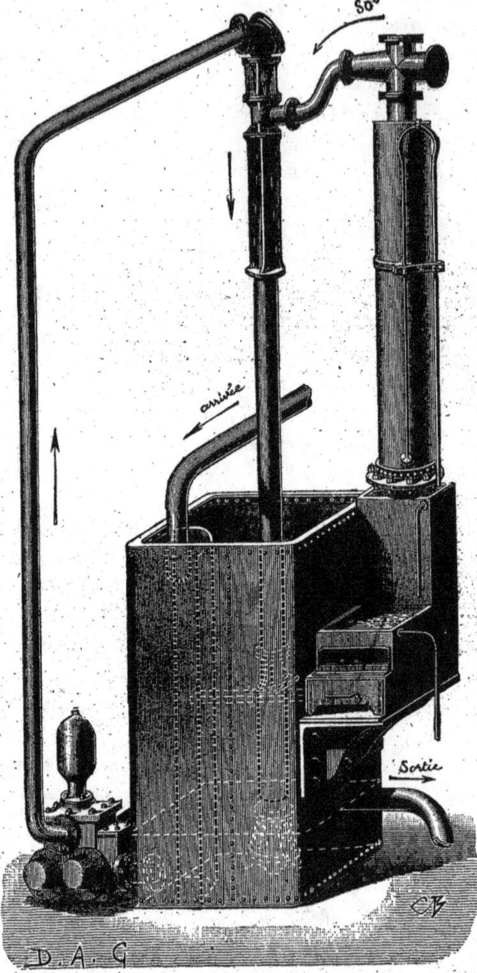

Fig. 60.

dans le bac pour être repris à nouveau par la pompe. C'est donc le liquide à sulfiter lui-même qui sert à l'aspiration du gaz sulfureux, et c'est
dans la trompe et dans le tuyau descendant que se fait la sulfitation. Dans

cette colonne descendante se trouvent les chicanes et, au bas, une crépine qui divise le liquide.

Voici comment on conduit le travail dans ces conditions. Le liquide à sulfiter arrive d'un mouvement continu dans un compartiment ménagé dans le bac et où se fait l'aspiration de la pompe. Ce liquide se sulfite et retourne dans le bac, où, par trop plein, il peut rentrer dans le compartiment où arrive le jus, et l'excédent s'écoule par un tuyau de décharge.

On conçoit qu'en réglant l'arrivée du liquide, ou la vitesse de la pompe, on puisse varier le dégré de sulfitation du liquide, et obtenir un travail continu.

Le fait est que la *sulfitation continue de Quarez* marche fort bien. Dans le bac, le liquide s'émulsionne à cause de l'air que contient le gaz sulfureux, mais à la sortie on recueille un liquide sulfité exactement au point voulu, sans variation si l'arrivée du liquide et la vitesse de la pompe sont constants.

L'appareil Quarez a fait depuis longtemps ses preuves et son emploi se généralise de plus en plus, car il représente sous un petit volume un matériel complet de sulfitation, avec tous les avantages signalés plus haut et une facilité de conduite remarquable.

ELECTROLYSE.

Depuis quelque temps, les procédés électriques pour la purification des jus sont à l'étude. L'électricité a des propriétés déféquentes réelles, soit par l'hydrogène naissant qu'elle engendre, soit par les transformations que subissent en sa présence les matières organiques. Aussi beaucoup d'inventeurs se sont-ils occupés de cette question.

L'Exposition malheureusement était pauvre en appareils de ce genre. On n'y trouvait que des appareils d'expérimentation dans la vitrine de l'*Association des Chimistes de Sucrerie et de Distillerie de France*. C'est M. Dupont, qui fut l'un des promoteurs actifs de l'emploi de l'électricité, qui exposait ces modèles.

Il y a deux manières d'appliquer l'électricité, soit en mettant simplement anodes et cathodes dans le liquide, soit en séparant le bac en cellules par des membranes poreuses et mettant les anodes dans les cellules paires, par exemple, et les cathodes dans les cellules impaires. Enfin, on peut employer des anodes solubles, comme le plomb qui fait des combinaisons insolubles avec les matières organiques, et des cathodes insolubles, ou bien tout insoluble.

L'emploi des membranes poreuses, que l'on a appelé à tort ou à raison *électrodialyse,* a l'avantage de séparer les matières salines minérales qui se rendent à la cathode et que l'on peut évacuer, le sucre restant dans les compartiments où on a mis le jus ou sirop, c'est-à-dire ceux des anodes. C'est donc ce procédé qui donne les meilleurs résultats.

Le *Brevet Javaux, Gallois et Dupont* emploie les anodes en plomb, les cathodes en fer. Les membranes poreuses sont du papier parchemin. Mais ce système est très résistant au point de vue électrique, aussi a-t-on cherché à le perfectionner dans des conditions spéciales pour diminuer cet inconvénient.

Les petites cuves exposées par M. Dupont sont celles qui peuvent servir à l'étude de l'électrodialyse. D'ailleurs, ce procédé a donné des résultats sérieux, et le procédé Say-Gramme qui dérive du précédent arrive à des épurations remarquables du jus. Il n'a pas dit encore son dernier mot, mais il est probable que l'avenir sera un jour pour l'électricité.

Dans l'*Exposition Hignette* on voyait des membranes poreuses en silice agglomérée offrant paraît-il très peu de résistance électrique, avec l'avantage d'être indéformables. M. Hignette a d'ailleurs fait des expériences d'électrodialyse avec ces membranes, et dans de très bonnes conditions paraît-il.

Procédé Hignette.

M. Hignette a imaginé tout un système de travail d'épuration des jus et il a fait une exposition complète de son procédé. Voici sa description tirée de notre *Traité de la Fabrication du sucre.*

Le procédé Hignette consiste essentiellement dans l'emploi de la force centrifuge pour séparer les précipités et tous les corps en suspension dans les jus. Grâce à cette séparation qui est absolue, la carbonatation peut se faire avec beaucoup moins de chaux, tout en donnant des résultats supérieurs à ceux du travail ordinaire.

La turbine qu'emploie Hignette ne diffère pas comme forme d'une turbine ordinaire. Seulement le panier est à parois pleines (fig. 61). La vitesse de rotation est considérable et correspond à 72 m circonférentiels par seconde, soit 20 kg de pression environ par centimètre carré sur la paroi pleine extérieure du panier tournant. Lorsque dans la turbine on verse un liquide louche, il s'éclaircit immédiatement, les particules en suspension de densité plus grande que le liquide ve-

nant s'appliquer contre la paroi. Les liquides les plus difficiles à filtrer,
comme les jus verts, s'éclaircissent ainsi avec la plus grande facilité et

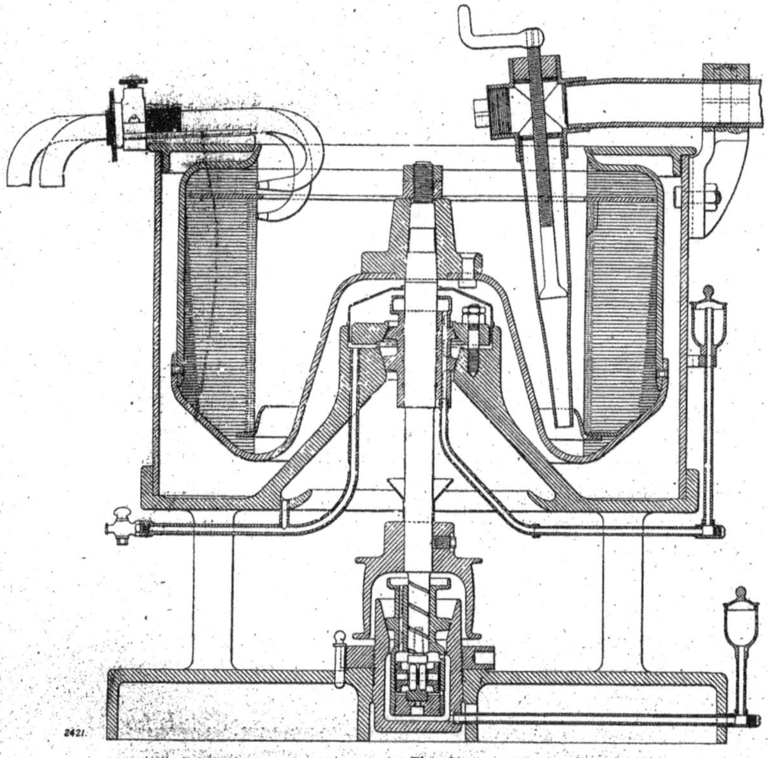

Fig. 64.

le microscope ne fait plus voir aucun corps en suspension dans le jus
éclairci.

Pour rendre le turbinage continu, Hignette a imaginé le stratagème
suivant. Un tube de très petit orifice, dit tube d'emprise, est introduit
dans la partie claire du jus, l'orifice se présentant en sens inverse du
mouvement. Aussitôt le jus se précipite dans le tube et est projeté dehors
avec une pression correspondant à la vitesse de rotation. Ce tube présente une forme convenable pour cet usage et est porté sur un support
à vis qui permet de régler sa position. Il suffit donc d'alimenter conti-

nuellement la turbine, et le jus clair est enlevé, continuellement aussi, par le tube d'emprise.

Lorsque la couche du précipité est assez épaisse sur la paroi pleine, si l'on place un second tube d'emprise à la surface de cette paroi, le précipité boueux sera enlevé également par ce tube.

De cette façon, l'appareil sera absolument continu en réglant le chargement et le déchargement en conséquence par les deux tubes d'emprise.

Ceci posé, si l'on fait arriver du jus brut, on remarquera que l'on peut ainsi le filtrer d'une façon absolument remarquable, opération très difficile avec des filtres ordinaires. Si l'on chaule ce jus avec quelques millièmes, comme dans la défécation ancienne, on obtient un jus clair admirablement déféqué et limpide.

Si enfin dans la turbine on fait arriver du gaz carbonique, ce gaz, suivant le mouvement général, fera une couche sur le jus chaulé et le carbonatera.

Hignette a remarqué que la carbonatation est lente dans cas. Mais si le tube d'emprise est placé à la surface du jus, jus et acide carbonique s'y engouffreront, et c'est dans le tube lui-même que se complétera la carbonatation. En réglant comme il faut ce tube d'emprise, on obtiendra une carbonatation mathématiquement exacte.

Voici les observations qui ont été faites sur ce genre de carbonatation.

Si l'on chaule le jus à raison de 3 à 5 millièmes et qu'on le sature à l'acide carbonique dans la turbine, on obtient une pureté au moins égale et souvent supérieure à celle que l'on constate lorsqu'on traite ces mêmes jus par la double carbonatation avec 20 ou 30 millièmes de chaux. Seulement les jus sont moins beaux, et les sirops et masses cuites sont colorés. A chaud l'opération se fait plus facilement qu'à froid, mais les résultats sont les mêmes.

Si l'on chaule le jus à raison de 15 à 20 millièmes et que l'on carbonate dans la turbine, les résultats obtenus sont au moins égaux à ceux que donne la double carbonatation avec deux fois plus de chaux, tant au point de vue de la pureté que de la qualité de la masse cuite.

Si l'on chaule à raison de 4 à 5 millièmes, que l'on carbonate à froid dans la turbine en laissant une alcalinité de 1 à 1,5 millième, si l'on chauffe ensuite à 85°, et que l'on passe encore une fois à la turbine pour carbonater à fond après addition de 4 à 5 millièmes de chaux nouvelle, on obtient un jus supérieur à la double carbonatation telle qu'on la pratique ordinairement, parce qu'on réunit ainsi les avantages de la carbonatation à froid et de la carbonatation à chaud.

On voit que par le procédé Hignette on économise plus de la moitié de la chaux. La raison en est compréhensible. La filtration centrifuge sépare immédiatement toutes les impuretés que l'on est obligé de saturer et d'entraîner ensuite à l'état de laque, comme disait Possoz, dans un excès de carbonate de chaux, et cela d'autant mieux que l'on peut faire la première carbonatation à froid. On n'a donc besoin d'employer que la chaux strictement nécessaire à la saturation des matières solubles. De plus, il faut employer assez de chaux et une température suffisante pour annihiler l'effet des matières colorantes, quelle qu'en soit l'origine. C'est ce qui fait que 4 millièmes de chaux à froid sont insuffisants, tandis que 8 à 10 millièmes avec action de la chaleur produisent le même effet que 20 à 30 millièmes dans la carbonatation ordinaire.

Ajoutons, pour terminer, que les boues obtenues par le procédé Hignette peuvent être délayées dans l'eau et repassées à la turbine, moyen propre à remplacer l'emploi des filtres-presses dans le cas des boues gluantes.

Enfin, au lieu d'acide carbonique, on peut envoyer dans la turbine de l'acide sulfureux, et l'on a ainsi un appareil de sulfitation excellent, surtout pour sulfiter les jus verts qui sont si difficiles à filtrer.

Tel est l'ensemble de ce curieux procédé si intéressant par ses résultats. Hignette calcule que la quantité moitié moindre de sucre qu'on laisse dans les écumes, et la diminution de moitié de l'eau contenue dans le lait de chaux, font une économie de 1 franc par tonne de betteraves.

Sur la fig. 61, on voit à droite le gros tuyau d'arrivée de jus terminé par une tuyère qui déverse le liquide dans le fond de la turbine dans une sorte de gouttière qui empêche le liquide nouveau de troubler le liquide ancien déjà classé en couches de densités différentes.

A gauche sont les deux becs d'emprise, l'un inférieur pour le liquide clair, l'autre supérieur pour les boues. En effet, dans le haut, outre les deux becs d'emprise, se trouve un cercle qui divise le liquide en deux parties et qui n'est distant de la paroi du tambour que de quelques millimètres. Le liquide clair ne peut dépasser ce cercle, tandis que le liquide trouble, en suivant la paroi, passe au-dessus et rencontre le bec d'emprise qui l'enlève. Sur le dessin, on voit le mouvement et la nature des liquides par les hachures qui différencient leur teinte.

Raffinage.

Sans parler des grandes raffineries, dont l'outillage a suivi tous les progrès modernes, mais n'est nullement représenté dans les expositions, nous dirons quelques mots des Sucreries-Raffineries.

Malgré tous les efforts des inventeurs, on n'est pas encore parvenu à faire du raffiné directement de la betterave. Quelques fabriques, cependant, prétendent y être arrivé, mais ne nous l'ont pas montré à l'Exposition.

On en est toujours réduit à monter à côté de la sucrerie ou dans la sucrerie quand la législation le permet, une petite raffinerie.

Ce travail de raffinage est d'ailleurs généralement très simple. Il consiste à refondre le sucre, filtrer le sirop sur noir, et cuire ces sirops *en raffiné*. On ajoute à cette méthode parfois l'emploi de certains réactifs, baryte, acide sulfureux ou hydrosulfureux, etc.

Cette cuite donne cinq ou six jets successifs, quelquefois plus, qui sont vendus suivant couleur, comme seconde qualité ou vergeoises ou enfin qui sont refondus pour recuite.

La seule différence qui se rencontre entre les petites raffineries est la méthode de séparer le sucre du sirop vert, et l'on fait soit des pains en forme, soit des blocs, soit des tablettes en turbine, soit des agglomérés après turbinage direct de la masse en laissant dans ce sucre une quantité d'humidité suffisante.

Nous allons passer en revue les différents systèmes exposés. Nous commencerons par les turbines.

Exposition de la Compagnie de Fives-Lille. — La Compagnie de Fives-Lille nous montre une turbine système Hübner.

C'est une turbine dont le tambour est séparé en cellules de la forme des plaquettes. On y coule la masse cuite de raffiné qui remplit les cellules par la force centrifuge, et l'on n'a plus qu'à claircer, étuver et casser les plaquettes en cubes. C'est donc très simple.

La turbine exposée par la Compagnie de Fives-Lille est actionnée par un moteur électrique à courants triphasés (fig. 62). Mais elle peut recevoir des poulies et courroies ; seulement, comme nous le verrons plus loin, il lui faut deux vitesses, par conséquent deux poulies et deux courroies de commande, ce qui est plus compliqué que le moteur direct.

Le tambour a 1^m,075 de diamètre intérieur. Il est calé sur la tête d'un arbre vertical maintenu à la partie supérieure dans une douille conique. La crapaudine sur laquelle repose le pivot est réglable au moyen d'un levier. L'ensemble se rapporte sensiblement à celui de la turbine

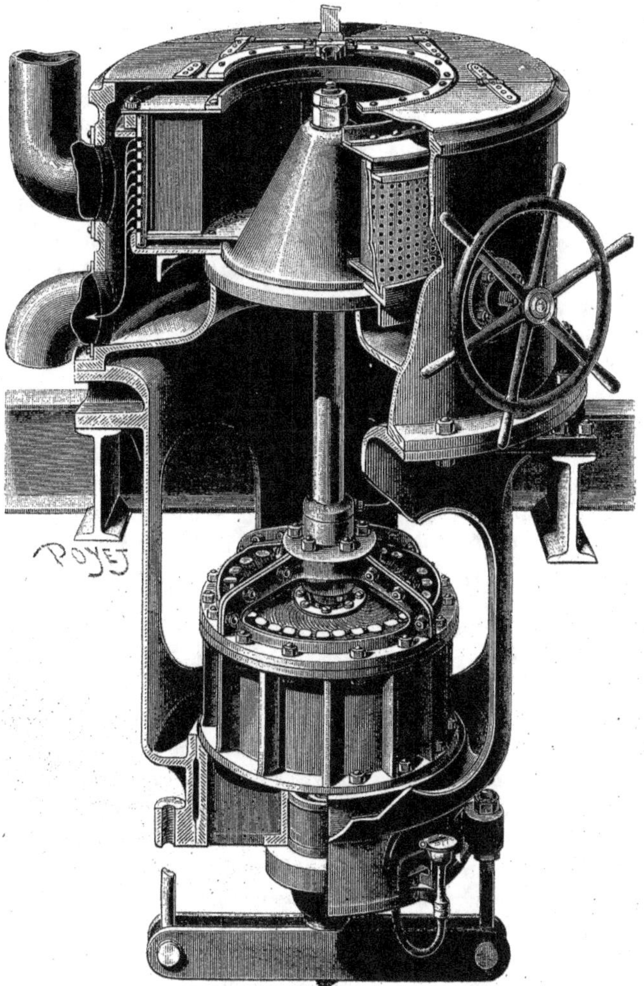

Fig. 62.

que nous avons décrite antérieurement et le frein est construit de même.

Le tambour se **trouve** dans une cuve en fonte fermée par un couvercle
en trois parties articulées à charnières, et percé d'une ouverture centrale pour le chargement de la masse cuite. Les égouts de turbinage
s'écoulent par un tuyau tournant permettant d'en séparer les différentes
qualités. Enfin, on a pris la précaution d'établir sur le côté de la cuve
un large tuyau pour l'échappement des buées.

Le tambour est garni d'une tôle finement perforée (trous de 1/2 mm),
reposant sur une toile métallique en laiton à grandes mailles. Sur le
fond est rivé un faux fond présentant des rainures espacées de la largeur correspondante à l'épaisseur de la plaquette que l'on veut obtenir. Des cloisons en fer galvanisé sont placées verticalement, touchant
la toile métallique, et ayant leurs bases encastrées dans les rainures.
Elles ont une section triangulaire pour compenser la forme arrondie
du tambour, de manière à ce que, deux à deux, leurs faces soient
parallèles. La tôle de ces cloisons forme saillie à droite et à gauche en
forme de T, et ces saillies sont égales à la demi-épaisseur d'une tablette ;
en sorte que lorsque toutes les cloisons sont en place, toutes les têtes
se touchent et forment couvercle. D'ailleurs, deux cloisons sont sacri-
fiées aux extrémités d'un diamètre pour y introduire un coin à vis permettant le serrage de tout le système.

Enfin, par mesure de sûreté, un couvercle, percé d'un trou central, est
assujetti sur les cloisons avec des verrous, et l'appareil offre ainsi,
comme on le voit sur la figure, une série de cellules ou alvéoles ouvertes
du haut en bas du côté de l'axe.

La cuite doit être préparée d'une façon spéciale. Elle doit être serrée
à 5 ou 7 0/0 d'eau, et coulée vers 62° dans une bassine à double enveloppe à température constante. Dans cette bassine, on ajoute 5 à 7 0/0
d'un sirop à 36 Baumé, et froid, en mouvant pour qu'il n'y ait pas de
grumeaux, ce qui fait tomber la masse vers 50 ou 54°.

Ainsi préparée, la masse est coulée dans des wagonnets et amenée
au-dessus de la turbine. On fait tourner celle-ci à 200 tours, et l'on y
vide d'un seul coup le wagonnet dont le fond est mobile.

La masse se répartit immédiatement et remplit les alvéoles. Alors on
porte rapidement la vitesse à 1 000 tours, pendant cinq minutes, temps
suffisant pour l'égouttage du sirop vert.

On ramène la vitesse à 500 tours et l'on clairce avec 25 ou 30 lit. de
sirop à 38 Baumé et 94° de température, pureté 99. Cette clairce provient
du dernier égout du turbinage précédent. Le clairçage se fait au moyen
d'un tuyau de forme spéciale qui répartit le liquide sur toute la hauteur

des plaquettes au moyen d'une fente longitudinale de 2 mm de largeur.

On fait ensuite un second clairçage avec 20 ou 25 lit. de sirop à 38 Baumé et 94° centigrades provenant de refonte de sucre absolument pur et parfaitement incolore. Enfin, on reprend la vitesse de 1 000 tours pendant 15 ou 20 minutes.

Le sucre contient alors 0,7 0/0 d'eau. On démonte la turbine, les plaquettes sont mises sur chariot, transportées dans une étuve à 40° centigrades et de là elles vont à la casseuse que nous décrivons plus loin.

*Exposition Mollet-Fontaine et C*ⁱᵉ, de Lille. — Cette maison construit les turbines pour fabriquer des plaquettes de sucre raffiné, système *Adant*.

Le système Adant consiste à couler la masse cuite dans un moule présentant la division en plaquettes, et quand la masse est prise, placer ce moule dans une turbine où se termine l'opération. Il y a donc beaucoup plus de manipulations que dans le système Hübner, mais une seule turbine suffit à plusieurs formes. L'augmentation de manipulations est donc compensée par une diminution de matériel.

Le tambour de la turbine *Adant* a 1ᵐ,150 de diamètre et 750 de hauteur.

Le *moule* est constitué par deux plateaux en acier de même diamètre que la turbine, faisant fonds supérieur et inférieur. Ils sont réunis entre eux par huit coins en fonte, quatre fixes, rivés aux plateaux, et quatre mobiles. Aux huit compartiments constitués par ces coins correspondent huit ouvertures, ménagées dans le fond supérieur, par lesquelles on coulera la masse cuite. Enfin, les huit compartiments sont séparés en cellules, ayant l'épaisseur des plaquettes, par des lames en tôle galvanisée qui glissent dans des rainures ménagées dans les fonds.

Le moule ainsi constitué est introduit dans une *forme*. C'est un bac annulaire en tôle galvanisée, monté sur roues, et dans lequel s'adapte exactement le moule, de sorte que les parois de la forme servent de parois intérieures et extérieures au moule.

La masse cuite est coulée dans les moules au moyen d'un dispositif spécial. Chaque moule contient 475 à 500 kg. de masse. On laisse refroidir, puis on roule les formes les unes après les autres près d'une grue qui enlève le moule et le dépose dans la turbine ; on l'y assujettit au moyen d'un cercle boulonné, et l'on met en mouvement. Quand le sirop vert est expulsé, on introduit la clairce au centre de la turbine, à raison de 80 lit. environ pour 475 ou 500 kg. de masse cuite ; on tourne assez longtemps pour bien sécher, puis on enlève le moule avec la grue, et l'on introduit dans la turbine le moule suivant. De la sorte, la turbine ne chôme pas, toutes les masses cuites étant coulées d'avance dans des formes. Elle peut produire dans ces conditions 16 000 kg. de raffiné par 24 heures.

Les moules sont enfin démontés, les plaquettes portées à l'étuve, puis à la casseuse.

La turbine *Adant* se commande par courroie ou par moteur direct, et entre autres par moteur électrique, tel que nous l'avons décrit pour les turbines ordinaires de la maison Mollet-Fontaine.

MACHINES A MOULER LE SUCRE.

La masse-cuite de raffiné turbinée et non séchée, s'agglomère facilement par la compression. Un inventeur bien connu en sucrerie, M. Borssat, mort depuis peu de temps, est parvenu à construire une machine à mouler le sucre qui ne laisse rien à désirer, et donne des lingots parallélipipédiques absolument analogues au raffiné en pains.

C'est une de ces machines qu'expose la *Compagnie de Fives-Lille.*

La Compagnie de Fives-Lille construit deux types de ces machines ; dans l'une le réglage du degré de compression est déterminé par un contrepoids agissant sur le piston compresseur, dans l'autre on le fait varier avec la course que l'on donne au piston.

La machine exposée se compose d'une trémie supérieure dans laquelle on fait arriver le sucre turbiné, et qui est munie d'agitateurs pour bien mélanger et répartir le sucre. Au bas de la trémie est un cylindre creux animé d'un mouvement de rotation ; il porte sur son pourtour et parallèlement à l'axe une série d'alvéoles en nombre pair, qui servent de moules aux lingots, et qui s'emplissent de sucre au fur et à mesure qu'elles passent sous la trémie.

Quand une alvéole pleine arrive dans le plan horizontal qui passe par l'axe du cylindre, elle se trouve en face d'un piston, animé d'un mouvement de va-et-vient, qui y comprime le sucre d'une quantité égale à sa course.

Le cylindre continuant son mouvement de rotation, les alvéoles où le sucre est comprimé se retrouvent à l'autre extrémité du plan horizontal.

A ce moment un poussoir intérieur fait sortir le lingot de sucre de l'alvéole, avec un petit mouvement latéral qui le détache du fond mobile contre lequel il a été formé.

Enfin les lingots sont reçus sur des tablettes mobiles, et portés à l'étuve.

Le mouvement de la table sur laquelle on pose les tablettes est tel que les lingots ne se touchent pas, ce qui facilite l'étuvage.

MACHINES A CASSER LE SUCRE.

Le sucre, qu'il soit en tablettes ou en lingots, doit être cassé en cubes tels qu'on les sert pour la consommation.

La *Compagnie de Fives-Lille* expose une de ces machines à casser le sucre.

C'est toujours l'ancienne machine Matté-Scheibler qui sert de point de départ à la construction de ces appareils, et ils n'en diffèrent que par quelques détails rendant les services plus faciles.

Les machines ont à casser soit des lingots, soit des tablettes, disions-nous. Ordinairement les tablettes sont mises d'abord en lingots en passant par une *lingoteuse* formée de plusieurs lames de scie parallèles qui les débitent en morceaux ayant la largeur correspondant à l'écartement des scies. Mais on a en déchet la sciure de sucre, et de plus l'épaisseur des lames diminue le nombre de morceaux que l'on peut faire avec les tablettes.

La Compagnie de Fives-Lille construit des casseuses à couteaux croisés qui débitent les tablettes en cubes sans passer par la lingoteuse.

La machine exposée est destinée au cassage des lingots provenant de la machine à mouler. Elle se compose essentiellement d'un tablier mobile animé d'un mouvement de translation discontinu.

Les lingots, placés en long dans des rainures ménagées sur le tablier. se trouvent pris entre deux couteaux, l'un inférieur qui soulève un peu le lingot, l'autre supérieur et en face des premiers, qui casse net le lingot au point exact où il se trouve pincé entre les deux lames. Les morceaux continuent ensuite leur mouvement de translation, occupant leur place primitive et juxtaposés comme s'ils formaient encore le lingot, et des femmes les enlèvent de la table et les mettent en boîte.

Cette machine est trop connue pour que nous en fassions une plus longue description.

SUCRERIE DE CANNES

Depuis 1889 la diffusion a fait des progrès en sucrerie de canne. On est parvenu à s'en rendre maître complètement et à tirer des jus fort denses, différant peu du jus sucré contenu dans la canne elle-même, tout en épuisant presque complètement la bagasse. Néanmoins la diffusion ne s'est pas encore répandue, et les moulins subsistent, et subsisteront encore longtemps. D'ailleurs, ils ne disparaîtraient pas complètement du matériel de sucrerie, même si la diffusion se répandait universellement, parce que, jusqu'à présent, c'est le meilleur instrument que l'on possède pour presser la bagasse épuisée et la débarrasser de la plus grande partie de l'eau qui l'empêche de brûler, avant son séchage au soleil ou son emmagasinage sous hangars.

Le matériel de sucrerie de canne offre donc peu de changements aujourd'hui par rapport à celui d'il y a dix ans, et l'Exposition s'en ressent, car on n'y voit qu'une diffusion, plusieurs moulins, une bassine à déféquer, et c'est tout.

Mais ce que nous fait voir l'Exposition, ce sont des études remarquables sur la maladie de la canne, sur les insectes qui la dévorent, les champignons qui la couvrent. Les fabricants de sucre d'Europe se plaignent des ennemis de la betterave ; combien plus terribles encore sont ceux de la canne, combien plus nombreux aussi !

L'une des expositions les plus remarquables sous ce rapport est celle de la *Station expérimentale pour l'industrie sucrière dans l'ouest de Java à Kagok-Tegal* qui se trouvait dans le pavillon de Hollande.

On nous y montre toute la biologie des *termites*, leurs œufs, leurs larves, leurs reines, etc. Ils se nourrissent de champignons (Clavaria Spec.), et l'on nous fait voir les réserves qu'ils en accumulent. Une autre étude est celle de la pourriture des tiges et des racines, la morve et autres maladies de la canne, présentées en nature dans des bocaux soigneusement rangés et étiquetés.

Plus loin nous voyons des cannes rongées par les martres, les rats, les insectes. Et parmi ceux-ci le terrible coléoptère *Oryctes Rhinoceros* dont le ver blanc est dix fois gros comme celui du hanneton.

Nous trouvons aussi les coccidées, les acariens, et surtout le *Borer* si dangereux qui se présente sous des couleurs variées représentant autant d'espèces, le blanc, le jaune, le rouge, le violâtre, le strié, etc.

Une promenade dans ce camp ennemi de notre industrie est vraiment bien faite pour donner à réfléchir aux énormes difficultés que doivent rencontrer les cultivateurs de la canne dans les pays ensoleillés où la nature est si riche en animaux nuisibles comme en végétations luxuriantes. Mais elle prouve aussi que les cultivateurs de la canne ne restent pas en retard sur ceux de la betterave et qu'ils observent et étudient, aussi bien que nous le faisons nous-mêmes.

Passons donc en revue les différentes machines, si peu nombreuses qu'elles soient, qui représentent à l'Exposition l'industrie sucrière de la canne.

DIFFUSION

Diffuseur pour la canne, de la Compagnie de Fives-Lille. — Le diffuseur exposé dont nous donnons le dessin (fig. 63) a 65 hectolitres de

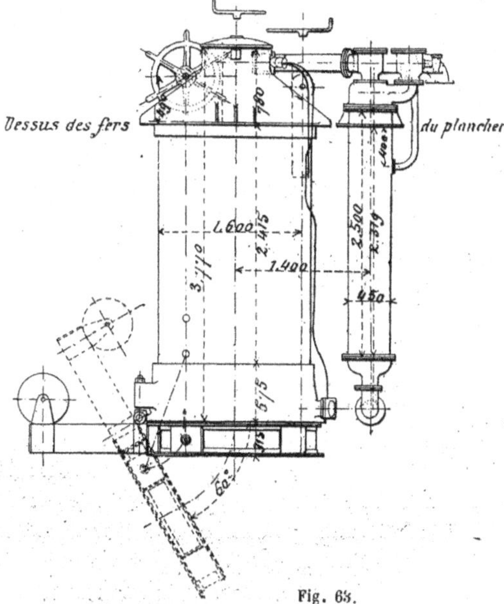

Fig. 63.

capacité. Il est composé d'un corps cylindrique en tôle de 600 de diamètre et $2^m,405$ de hauteur, surmonté d'une partie conique en fonte portant la porte d'emplissage, et rivée en bas sur une pièce tronconique ayant 0,575 de hauteur sur laquelle s'appuie la porte de vidange. Cette pièce, tronconique, du bas est garnie intérieurement d'une tôle perforée continuant le cylindre, mais ayant également la forme tronconique pour permettre à la cossette épuisée de sortir facilement du diffuseur.

La porte d'emplissage est en fonte, assujettie par une vis passant au centre d'un étrier, et reposant sur siège en caoutchouc.

La porte de vidange tient tout le fond du diffuseur. Elle est entièrement en fer, équilibrée dans toutes ses positions par un contrepoids. Elle est mise en mouvement par deux bielles droite et gauche, mues simultanément par une même vis actionnée par un volant placé sur le plancher supérieur de la batterie. Sa fermeture est assurée par deux taquets d'accrochage mus d'en haut également. Cela fait donc quatre points d'appui pour assurer la position de la porte. Un joint hydraulique assure l'étanchéité du diffuseur. L'eau est amenée dans le caoutchouc de ce joint par un robinet placé près de la porte supérieure du diffuseur sous la main de l'ouvrier. Ce robinet est à trois eaux pour l'emplissage et la vidange du tube en caoutchouc, et l'évacuation de l'eau au dehors.

Le calorisateur est tubulaire et a **7** mètres carrés de surface de chauffe ; il est muni d'un thermomètre à double cadran.

La tuyauterie de la batterie se compose d'une conduite générale d'eau en communication avec un réservoir placé à **10** mètres en charge ; d'une conduite de jus en communication avec le bac mesureur de soutirage ; d'une conduite de vapeur pour le chauffage des calorisateurs, et d'une conduite générale d'eau condensée ; enfin, d'une conduite d'eau sous pression pour les joints hydrauliques. On peut y ajouter une conduite d'air comprimé sous une pression de **1 1/2 kil.** pour économiser l'eau de la diffusion.

Les batteries pour la canne ont **16** et même **18** diffuseurs.

Le diffuseur exposé par la Compagnie de Fives-Lille est d'un fini d'exécution remarquable, comme tout ce qui sort d'ailleurs de ces ateliers.

MOULINS A CANNE.

Exposition de la Société Française de constructions mécaniques (anciens établissements Cail).

Le moulin dont il s'agit peut écraser **250** à **300** tonnes de canne par **24** heures. Il a trois cylindres de 800 de diamètre et 1^m,500 de longueur.

Les bâtis sont construits de manière à permettre le démontage facile des cylindres inférieurs par les côtés du moulin, sans déranger le cylindre supérieur.

La régularisation de la pression d'écrasement de la canne est obtenue par deux presses hydrauliques verticales placées sous la plaque de fondation et dont les pistons agissent aux extrémités du cylindre supérieur. La pression hydraulique est entretenue dans les deux presses par un accumulateur alimenté par une petite pompe à bras que l'on fait fonctionner de temps en temps pour remplacer les pertes inévitables d'eau par les joints.

La pression d'écrasement des cannes reste donc constante quelle que soit la quantité de cannes qui passe entre les cylindres. En outre, si un corps dur passe accidentellement avec la canne, le cylindre supérieur remonte et les ruptures ou détériorations à craindre sont évitées.

Le moulin est relié à la machine par une série de trois harnais d'engrenages tels que la machine faisant 85 tours par minute, les cylindres n'en font plus que deux environ.

Les roues d'engrenage sont construites en plusieurs pièces pour la facilité du transport et des réparations.

Le dernier harnais est relié au moulin par deux manchons en fonte et un arbre à bouts carrés libres dans les manchons, disposition qui permet de parer à une différence dans les niveaux du moulin et de la transmission.

La machine est du type de la Compagnie Allis, avec détente Reynolds-Corliss, variable par le régulateur. Elle est munie d'un changement de marche pour permettre la marche arrière dans le cas d'engorgement du moulin.

Le tout forme un très bel ensemble, d'une exécution irréprochable.

Exposition de la maison Stork frères et Cie, à Hengelo (Hollande) (fig. 64). — Les moulins de cette maison ont quelques caractéristiques intéressantes.

Les cylindres sont en fonte spéciale très dure et de grande densité. Ils sont boulonnés à leurs extrémités sur des brides détachables, alésées et fixées d'une manière spéciale sur les arbres, de telle sorte que les cylindres sont interchangeables, ce qui permet d'avoir une usure uniforme, usure qui d'ailleurs est très faible, grâce à la nature du métal.

Les arbres sont en acier forgé, les engrenages en acier coulé.

Les bâtis sont construits de manière à ce que l'on puisse démonter les cylindres inférieurs sans toucher au cylindre supérieur. Les coussinets des cylindres inférieurs sont fixés latéralement au moyen de quatre boulons passant en dehors du bâti, tandis que le coussinet supérieur est fixé par deux boulons traversant la fonte jusqu'à la plaque de fondation.

La bagassière est en acier, portée par une poutre massive rectangulaire parfaitement maintenue par de forts boulons.

Deux harnais d'engrenage relient le moulin à la machine. Le premier pignon est en acier. Les arbres sont en acier, complètement tournés et les grandes roues sont cintrées sur les arbres par des clavettes tangentielles.

Fig. 64.

La machine à vapeur a un bâti en forme de baïonnette. Elle est à détente Meyer avec régulateur commandant la vanne d'arrêt. On peut lui mettre une détente actionnée par le régulateur. La crosse est en acier coulé, les parties mobiles en acier forgé, les arbres et la manivelle en acier tourné. Tous les boulons des articulations sont en acier trempé ajustés à la meule. La machine est à changement de marche.

La régularisation de la pression d'écrasement de la canne est obtenue au moyen d'un système spécial dit *appareil à Toggle*.

L'articulation à *Toggle* est une combinaison spéciale de leviers très répandue dans l'industrie, où il porte des noms divers. Telles sont les presses à vis à parallélogramme, certaines machines à écraser les pierres, certains freins, etc.

Le principe en effet est celui du parallélogramme articulé à ses quatre angles. Si un de ses angles repose sur le coussinet du cylindre supérieur du moulin, l'angle opposé étant fixe et inamovible, lorsque le cylindre se soulèvera, les deux angles opposés s'ouvriront, tandis que les deux autres se fermeront d'autant. Mais si ces deux derniers sont maintenus par des ressorts, ils s'opposeront à la levée du cylindre et augmenteront la pression proportionnellement à leur tension. Tel est tout le système.

Le résultat de l'emploi de ces *Toggles* est d'accroître la pression sur les cylindres en proportion de l'augmentation de l'alimentation, sans toutefois dépasser les limites de sûreté. De sorte, que lorsqu'il passe beaucoup de cannes, la pression est plus forte que quand il en passe peu, ce qui assure quand même l'extraction complète du vesou. Et s'il passe un corps dur, les toggles cèdent, mais les résistances sont calculées pour cet effort-limite qui n'occasionne aucun dégât dans la machine.

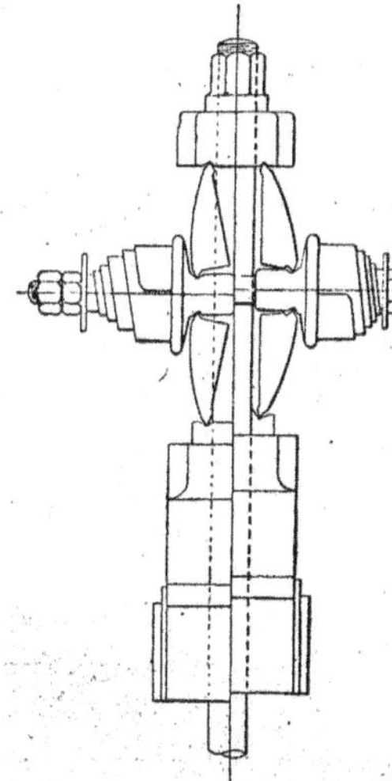

La fig. 65 représente la construction des Toggles. La partie de gauche du dessin montre l'appareil au repos, la partie de droite l'appareil en fonction, le coussinet sur lequel il repose étant soulevé.

On voit que le parallélogramme est formé par quatre pièces d'acier de forte résistance, dites fléaux Chacun des quatre fléaux repose par une partie taillée en couteau dans des cannelures ménagées dans les plaques de support.

Le support du bas repose sur le coussinet. Le support du haut est maintenu en place immuable par deux boulons qui traversent tout le bâti et remplacent les boulons de serrage du chapeau du coussinet.

Fig. 65.

Les supports du milieu sont mobiles, glissant sur un axe, et sont ramenés continuellement au centre par de puissants ressorts analogues à ceux qui servent aux tampons des wagons et des locomotives.

On voit sur la fig. 65 la position que prennent les fléaux dans le cas de repos et d'activité, et sur la fig. 64 la manière dont on monte les toggles. On en met cinq côte à côte par coussinet. On en mettrait davantage pour des moulins plus forts.

Les cylindres du moulin de la fig. 65 ont 32 pouces de diamètre et 60 pouces de longueur. Ce moulin est destiné à une sucrerie de l'île Fiji.

EXPOSITIONS DES ÉTABLISSEMENTS SUCRIERS

Exposition des Sucreries et Raffineries Françaises
(Classe 59).

Nous avons déjà fait une petite incursion dans les expositions particulières des sucreries françaises à propos de la classe 39, attendu que beaucoup de fabricants sont en même temps cultivateurs, et qu'ils ont exposé dans ces deux classes dont ils ressortissent.

Plusieurs même, de ceux qui figurent à la classe 39, ne sont pas représentés à la classe 59.

Nous ne nous occuperons donc pas de ce que nous avons dit précédemment et parlerons maintenant des objets exposés dans la classe 59 seulement.

Et si nous examinons l'ensemble de ces expositions, nous serons frappés d'un fait qui ne s'est pas encore présenté. C'est que les fabricants de sucre se sont généralement abstenus, tandis que les Sucreries-Raffineries ont exhibé bravement leurs produits en comparaison avec ceux des Raffineries proprement dites.

C'est presque un défi porté par les Sucreries-Raffineries aux importantes raffineries de Paris et de Marseille qui avaient jusqu'à présent le monopole du pain de sucre ou du cube de consommation.

Nous assistons donc à une évolution nouvelle du raffinage, à la division du travail, au lieu de cette concentration colossale qu'avaient réalisé les Say, les Lebaudy et autres, afin d'être maîtres du marché. Les Raffineries adjointes à des sucreries, de petits établissements primitifs qu'ils étaient il y a peu d'années, sont devenues maintenant des usines importantes. Elles ne travaillèrent que quelques mois d'abord, maintenant elles tournent toute l'année. Qu'en adviendra-t-il au point de vue du bien-être général ? L'évolution est trop récente pour qu'on puisse y répondre encore. Nous verrons cela dans dix ans à la prochaine exposition universelle.

Voici, par ordre alphabétique, les quelques usines françaises représentées à l'Exposition :

Béghin (F), à Thumeries (Nord). — Sucres cristallisés et sucres raffinés.

La sucrerie de Thumeries travaille 600 000 kg. de betteraves par jour; une Raffinerie est jointe à l'usine.

Bouchon (A. C.), à Nassandres (Eure). — Sucrerie travaillant 600 000 kg. et Raffinerie. On voit dans cette jolie exposition des lingots de raffiné, des cartons contenant 1 kg. de sucre en cubes provenant de ces lingots, sucre de toute beauté. Un arc de triomphe a été construit avec ces boîtes. Les sous-produits du raffinage, poudre, glace et semoule, vergeoises, granulés s'y trouvent aussi. Enfin, le tout est encadré avec de belles vues photographiques de l'usine.

Compagnie de Fives-Lille. — La Compagnie de Fives-Lille est propriétaire de trois sucreries très importantes. La sucrerie d'Abbeville qui, avec cinq râperies, travaille annuellement 127 000 tonnes de betteraves ; la sucrerie de Coulommiers, avec quatre râperies, qui travaille 75 000 tonnes ; enfin, Neuilly-Saint-Front, avec deux râperies, fait 32 000 tonnes. A Abbeville se trouve une Raffinerie.

L'exposition de toutes ces usines montre tous leurs produits, sucres cristallisés blancs et roux, raffinés en lingots, cubes, cartons de sucre en cubes, plaquettes, etc. et enfin mélasse.

Cossé-Duval et Cie, Nantes. — Ce sont les plus grands fabricants de sucre candi de canne pour vins mousseux. Rien n'est beau comme les magnifiques cristaux de sucre qui sont dans leurs vitrines. On y voit aussi les candis blancs, blonds et bruns, des vergeoises, des sirops, etc.

Marquis d'*Havrincourt*, à Havrincourt (Pas-de-Calais). — Sucrerie travaillant 325 000 kg. de betteraves et raffinerie. Présente des plaquettes, des granulés, des lingots, des sucres rangés, des cubes à gros grains destinés spécialement à l'Angleterre, des vergeoises, etc.

Lesaffre et Bonduelle, à Marcq-en-Barœul (Nord), sont fabricants de sucre à Sainte-Menehould et à Nangis et ont une raffinerie à Marcq-en-Barœul. Exposent les produits de leurs sucreries et ceux de leur raffinerie, granulés, carton de sucre cassé, etc. Dans cette raffinerie on travaille avec la turbine Adant.

Rigaud J. et Cie, à Charenton (Seine), fabrique de sucre candi, dont il expose les produits depuis l'origine, sucre brut, jusqu'aux résidus mélasse.

Société de la Raffinerie de Chantenay-sur-Loire. — Sucres en pain, sciés, poudres, granulés, tablettes, etc.

Société agricole d'exploitation des établissements Jules Jaluzot et Cie. — Cette Société possède la sucrerie d'Origny-Sainte-Benoite qui a treize râperies et travaille 1 600 000 kg. de betteraves par jour ; la raffinerie de La Biette et une distillerie à Origny-Sainte-Benoite.

Son exposition contient tous les produits de sucrerie, ceux de la raffinerie, plaquettes de turbine Adant, lingots, sucres cassés, etc., et de plus des alcools obtenus avec la levure de vin de Jacquemin.

Société anonyme de Bourdon (Puy-de-Dôme). — La Société possède trois sucreries : Bourdon, Saint-Beauzire et Chappes et travaille 1 000 000 de kilogrammes de betteraves par jour. Une raffinerie et une distillerie sont jointes à la sucrerie de Bourdon. Nous avons déjà vu sa jolie exposition de la classe 39. Ici ce sont surtout les produits de la raffinerie que l'on présente, lingots, cubes rangés en cartons de 5 kg., semoules, granulés gros grains, etc. En plus, les alcools et salins provenant de la distillerie.

Société des Raffineries et Sucreries Say. — Les grandes raffineries voyant les sucreries devenir raffineries elles-mêmes, semblent vouloir prendre le contre-pied et s'adjoindre l'appoint de sucreries leur appartenant. C'est ainsi que la Raffinerie Say est depuis longtemps propriétaire de la sucrerie de Pont d'Ardre, l'une des mieux montées de France, et qui, sans râperie, travaille 2 000 000 de kilogrammes de betteraves par jour ; puis de la sucrerie de Saint-Just. Mais là où son extension est devenue remarquable, c'est en Egypte où la Société a créé trois sucreries considérables et une raffinerie. Ces sucreries n'ont pas d'égal au monde comme beauté d'installation, comme perfection dans le matériel. Tout ce que la science sucrière a enfanté est accumulé dans ces magnifiques établissements qui font honneur à leur créateur.

La Raffinerie Say de Paris, qui produit 150 000 tonnes de raffinés par an, dont un tiers est exporté, expose seule dans la classe 59. On y voit des pains qui représentent la première marque du monde, des criblés pour l'exportation, des cubes, semoules, plaquettes et sucre cassé en cartons de 1 à 5 kg.

Société nouvelle des Raffineries de la Méditerranée, à Marseille. — Elle a exposé des pains depuis 500 grammes jusqu'à 11 et 12 kg. pour l'exportation. Puis des plaquettes de turbine Adant, des lingots, des sucres cassés, morceaux irréguliers, poudres, vergeoises, etc.

Société nouvelle des Raffineries de Sucre de Saint-Louis, à Marseille. — Encore une Raffinerie qui s'est adjoint une sucrerie, celle d'Orange capable de travailler 700 000 kg. de betteraves par jour. Cette sucrerie forme cependant une société absolument séparée de celle de la Raffinerie.

La Raffinerie de Saint-Louis qui travaille 90 tonnes de sucre fait surtout de l'exportation. On y voit des pains de 500 grammes jusqu'à 12 kg., des sucres cassés rangés en carton pour l'Afrique et les Indes anglaises, d'autres rangés en boîtes de fer blanc de 1 à 5 kg. pour l'Indo-Chine et Madagascar, enfin tous les produits ordinaires d'exportation, granulés, poudres, etc.,

Toutes ces expositions sont contenues dans des vitrines un peu trop dissimulées, un peu trop ramassées les unes contre les autres, mais toutes présentées avec un goût parfait.

Exposition des Sucreries et Raffineries étrangères.

EXPOSITIONS DE RUSSIE

La plus importante des expositions sucrières étrangères est celle de la Russie.

Il existe en effet dans ce pays de grands propriétaires fonciers qui ont établi des sucreries sur leurs terres. D'autres ont agrandi leurs biens par l'achat de sucreries et des terres qui les environnent, mais ces propriétés sont éloignées les unes des autres. Enfin, il y a de grandes firmes qui se sont vouées à l'exploitation des sucreries qu'elles ont achetées successivement.

Il en résulte que la sucrerie se trouve dominée par quelques mains puissantes qui jettent sur le marché de grosses quantités de sucre. Heureusement, la législation est là qui empêche tout agiotage. La *normirovka*, de facultative étant devenue officielle, force les fabriques à ne vendre en Russie qu'une quantité de sucre déterminée d'avance, et à exporter le reste. En sorte, que les cours se maintiennent normaux, sans secousses trop grandes, et les sucreries appartenant aux petits propriétaires n'ont rien à craindre des rois du sucre du pays.

Ce sont ces grandes agglomérations sucrières qui ont surtout exposé, et leurs vitrines élégantes et parfois monumentales jetaient un cachet spécial sur ce coin de la galerie de l'alimentation.

Exposition *J.-H. Kharitonenko et fils*. — Ivan Heracimovitch Kharitonenko, qui fut un grand ami de la France et qui est mort en 1891, a fondé les établissements dont son fils Paul Ivanovitch a pris la succession sous la raison commerciale ci-dessus, quoiqu'il soit propriétaire de tous les biens.

En 1889, M. Kharitonenko avait déjà fait une très belle exposition. Cette année son fils s'est surpassé en faisant un véritable salon à la russe, tout en chêne sculpté, entouré de vitrines remplies de ses produits.

Les propriétés de M. Kharitonenko se trouvent à cheval sur quatre gouvernements, qui se réunissent juste à ce point là. Ces propriétés contiennent 46 377 déciatines de terre dont 35 535 en terre arable et 17 193 en forêts. La déciatine vaut environ 1,09 hect. On peut donc compter grosso-modo la déciatine pour l'hectare à 10 0/0 près.

De plus, il y a 17 193 déciatines en fermage, total 63 570 déciatines, soit 69 300 hect. de terre, sinon d'un seul tenant au moins très proches les unes des autres.

Sur cette surface, 11 700 déciatines sont cultivées en betteraves, auxquelles il faut ajouter 2 000 déciatines des propriétaires riverains qui fournissent en tout 315 000 tonnes de betteraves environ.

On voit que cela fait un rendement d'environ 21 000 kg. de betteraves à l'hectare. Sur ces terres qui ne sont jamais fumées, où l'on cultive ordinairement la Vilmorin améliorée ou la Klein Vansleben, on ne peut pas obtenir davantage.

Toutes ces betteraves sont consommées par sept sucreries, dont six appartiennent à M. Kharitonenko et une est en fermage, ce sont :

Natalevka qui consomme	32 000	tonnes de betteraves.	
Parkhomovsky —	67 000	—	—
Yankov —	36 000	—	—
Ougroiets —	50 000	—	—
Krasnaiarouga —	50 000	—	—
Rgeavetz —	40 000	—	—
Parafiev —	40 000	—	—

Les sept fabriques produisent 2 065.000 pouds de sucre (environ 33 000 tonnes), ce qui fait un rendement moyen de 10,5 de sucre pour 100 de betteraves, en sable blanc.

Une raffinerie est jointe à ces sucreries, à Pavlov, et produit 35 200 t. de raffiné par an.

M. Kharitonenko a établi la sélection de la betterave sur une vaste échelle. On fait sur ses terres environ 800 000 kg. de graines de betteraves pour les besoins de la culture.

On fait en plus 13400 t. de froment, 4700 t. de seigle, 5280 t. d'avoine 650 t. de millet et blé noir, etc., etc.

Le millet et le blé noir ainsi que 2500 t. de betteraves alimentaires et carottes servent presque exclusivement à la nourriture du personnel.

Ces quelques chiffres intéressants montrent ce que sont les vastes propriétés, toutes réunies en une seule main, car M. Kharitonenko s'occupe lui-même de la gestion de son bien.

Il a tenu à ce que tout y soit à la hauteur du progrès, et ses sucreries sont montées admirablement, et quelques-unes sont les plus belles de Russie.

Ajoutons que MM. Kharitonenko père et fils ont toujours fait beaucoup de bien autour d'eux. Tous les villages avoisinant les sucreries possèdent des écoles entretenues pour la plupart à leurs frais.

Les hopitaux des usines sont très bien approvisionnés, et leurs médecins donnent leurs soins gratuits non seulement aux ouvriers, mais à toute la population des villages avoisinants. Même à Soumy, résidence de M. Kharitonenko, se trouve un hopital gratuit pour enfants.

L'exposition présente donc tous les produits des fermes, des sucreries, de la raffinerie, en même temps qu'elle montre des photographies des usines.

Le sucre raffiné russe offre une particularité sur les autres. D'abord il est extrêmement dur, et ressemble presque à du sucre d'orge par sa transparence, car c'est ainsi que les russes le désirent, beaucoup en mettant un morceau dans la bouche pour boire le thé ; il ne doit donc pas fondre rapidement. De plus il doit être très bleu. C'est une croyance parmi certains consommateurs que plus il est bleu plus il est pur. Aussi, certains chroniqueurs, ignorant ces faits, ont-ils critiqué l'une et l'autre de ces deux qualités. Tel le demande le consommateur, tel il faut faire le sucre, car il serait aussi facile aux raffineurs russes de le faire fusible et blanc comme en France, plus facile peut-être car les sucres qui entrent en raffinerie sont exclusivement des extra blancs de toute beauté, aucun jaune ne trouvant acheteur en Russie ; les raffineurs ne voudraient même pas de nos numéros trois. Maîtres de la place ils en profitent pour s'abréger beaucoup la besogne, et leur travail consiste seulement à mettre en pain des sucres déjà absolument purs, les analyses publiées par M. Kharitonenko donnant à ses sables blancs un richesse de 99,94 0/0.

Cette exposition est donc très belle et très instructive, digne de l'œuvre qu'elle représente.

Exposition de la maison Terestschenko frères. — Cette exploitation se divise en trois affaires différentes. Une partie des biens appartient à M. Nicolas Artemovitch Terestschenko, une autre aux héritiers de son frère Théodore, enfin la troisième partie est au nom de Terestschenko frères.

Les trois branches unies par un lien commun ont exposé dans la même vitrine comme ne faisant qu'une affaire unique.

Cette exploitation est considérable, plus grande que la précédente, mais les propriétés sont généralement très éloignées les unes des autres, dans des contrées différentes.

Elle forme un ensemble de **111 000** hect. de terre dont **17 000** hect. en forêts.

Sur ces terres on rencontre huit sucreries.

Tiotkine, qui est peut-être la plus grande sucrerie de Russie et qui travaille par jour **1 162 400** kg. de betteraves, avec un rendement de **10,9 0/0.**

Androuchovska, **745 000** kg. par jour, rendement **11,8 0/0.** Cette sucrerie ainsi que Tchervone et Korovintse sont sur les terres noires les plus riches.

Staro-Ossotian, **333 000** kg. par jour, rendement **10,2 0/0.**

Ces trois sucreries appartiennent à Nicolas Artemovitch.

Tchervone, **745 000** kg. par jour, rendement   **12 0/0.**
Koravintse, **588 000** —   —   —   **11,9 0/0.**
Martinov,   **294 000** —   —   —   **11 0/0.**

Ces trois sucreries dépendant de la succession Théodore Artémovitch.

Voroneje, **529 200** kg. par jour, rendement **10,4 0/0.**
Kroupetz, **529 200** —   —   —   **9,7 0/0.**

Appartenant à la société.

Tiotkine a, en plus, une distillerie travaillant par campagne **4 920 000** kg. de mélasse et **656 000** kg. de blé.

Androuchovka, une distillerie pour **4 100 000** kg. de mélasse et **385 000** kg. de blé.

Tchervone, une distillerie pour **3 034** kg. de mélasse et **282 700** kg. de blé.

Enfin à Tiotkine se trouvent deux moulins, dont l'un date de **1767**, réduisant en farine **16 400 000** kg. de froment.

En plus l'association possède deux raffineries de sucre.

Mikhailof qui travaille **13 120 000** kg. de sucre annuellement.

Toula   —   —   **14 760 000** —   —   —

Cette magnifique exploitation possède des hopitaux dans chaque usine pour le personnel et les médecins donnent leurs soins gratuits à tout le pays, des écoles subventionnées par **MM.** Teretschenko, et enfin une *école agricole et industrielle* à Mikaïlov qui contient **49** élèves et dont les études durent quatre ans. On y apprend l'agriculture, la culture maraîchère et fruitière, la silviculture, et en plus le métier de menuisier, de serrurier et de forgeron.

On voit quelle importance ont de telles affaires, et les vitrines de l'Exposition qui présentent les produits de tous ces établissements, céréales, sucres en grains et raffinés et alcools, ne laissent pas deviner dans leur simplicité une si grosse fortune terrienne et industrielle.

Exposition de MM. Lazare et Léon Brodsky frères. — **MM.** Brodsky frères, riches banquiers de Kieff, ont exposé les produits des sucreries dans lesquelles ils sont les principaux intéressés, et qui sont au nombre de treize. Ils ont en outre trois raffineries.

Ces sucreries et raffineries sont disséminées dant toute la Russie du Sud-Ouest et sont dénommées par la raison sociale qui les administre. Ainsi la *Société Alexandre* a deux raffineries, celle d'Odessa, l'une des plus importantes de la Russie et celle de Lébédine, et quatre sucreries. La Société *Korioukovka* a deux sucreries et une raffinerie, celle de Korioukovka ; la Société de *Stepanovka* a deux sucreries, etc. Le capital total de toutes ces sociétés est de **30** millions de francs, dont **16** millions pour la raffinerie d'Odessa seule.

L'ensemble des terres appartenant à ces affaires est de **37 932** hect. dont **19 452** en forêts. Elles afferment **34 503** hect. ce qui fait en tout **72 435** hect. en culture. La moyenne du rendement en betteraves de ces terres, dont quelques-unes sont excellentes, d'autres fumées, est de **14 000** kg. à l'hectare, et les betteraves ont un rendement moyen en sucre produit de **10,9 0/0.**

MM. Brodsky possèdent en plus un moulin à farine à Kieff qui moût **230 000** kg. de froment par jour, et la brasserie de Chamovniki, à Moscou, qui emploie annuellement **2 132 000** kg. de seigle et **24 660** kg. de houblon.

Les institutions auxiliaires créées en faveur des employés et ouvriers de ces usines, comportent une caisse d'épargne au capital de 226 000 roubles, des hôpitaux pour 160 lits, des écoles pour 600 élèves, une bibliothèque de 5 000 volumes, etc.

On voit qu'il n'y a pas en Russie une seule grande exploitation sans que la bienfaisance n'y trouve sa large part.

MM. Brodsky, dans une jolie exposition, montraient les produits de leurs usines, et se faisaient remarquer par des pains de sucre colossaux qui formaient les pylônes de l'entrée de leur stand.

Exposition C. A. Balacheff. — Après ces grosses fortunes nous revenons aux sucreries isolées. La sucrerie de Mariinski (gouvernement de Kieff) a été construite par la maison de Fives-Lille. C'est une très belle usine fortement remaniée depuis plusieurs années. Son exposition était intéressante, car elle présentait tous les produits de l'usine depuis la cossette fraîche et le jus, jusqu'à la mélasse. On travaille dans cette usine par la séparation; aussi exposait-elle des sucrates et des eaux-mères.

Le tout était encadré dans des photographies de l'usine et d'un très joli aspect.

Exposition de la Sucrerie et Raffinerie de Marinsky (gouvernement de Koursk). — Cet important établissement, fondé en 1899 seulement, expose dans une vitrine faisant pendant à la précédente, des produits de toute beauté, sucre et raffiné. La sucrerie a été construite par Merky Bromowsky et Schulze de Prague, pour un travail de 600 000 kilogrammes, à proximité du chemin de fer et d'un cours d'eau important. La raffinerie est dans le même bâtiment que la sucrerie, mais tout à fait séparée d'elle; elle produit journellement 45 tonnes de sucre raffiné qu'elle exporte partiellement en Asie, car cette raffinerie est le plus oriental des établissements similaires de la Russie, ce qui lui donne une situation prépondérante vis-à-vis des pays asiatiques, à cause de la différence du prix des transports. Aussi voit-on dans son exposition des pains de petite dimension dits « sucre de Perse » et autres produits d'exportation.

La sucrerie de Marinsky se trouve au milieu des meilleures terres noires de la Russie. Ses champs produisant pour la première fois de la betterave, ont un rendement de 17 à 18 000 kilogrammes à l'hectare, en racines contenant en moyenne 18 % de sucre avec une pureté de 85 à 86.

Le plus bel avenir s'ouvre donc devant cet établissement tout nouveau et dont la raffinerie est déjà trop petite pour produire le sucre qui lui est demandé.

Exposition de la raffinerie de Timachevo. — Cette usine est située dans le gouvernement de Samara. Elle appartient aux apanages impériaux. Elle montre des sucres bruts et raffinés, des claireces et sirops, de la mélasse. Ses raffinés sont en pain ou granulés ; en outre sont deux énormes pains de sucre de six pouds pour compléter l'aspect général de cette exposition.

Exposition de la compagnie sucrière de Novotavoljanski. — Cette sucrerie expose ses produits dans une jolie vitrine.

SUCRERIES ET RAFFINERIES DU GOUVERNEMENT DE VARSOVIE.

Aux alentours de la belle chaudière à cuire tout en cuivre de la maison Bormann, de Varsovie, se trouvent disséminés de beaux pains de sucre, moins bleutés que ceux produits par les raffineries du Sud-Ouest. Ces produits proviennent de la Raffinerie de *Constantia*, de celle de *Guermanov* et de *Lichkovitze*.

Exposition d'Autriche.

Le « *Comité spécial pour l'industrie sucrière en Autriche* » a fait une exposition collective pour 208 sociétés sucrières, tant sucreries que raffineries, de Bohême, de Moravie, Silicie, Galicie, et basse Autriche. Sans exposer les produits de toutes ces usines, le Comité a donné des spécimens du travail technique entrepris par tous ses membres, et c'est au milieu de cette exposition que se trouve celle de la « *station d'expériences techniques et chimiques de l'Association centrale pour l'industrie sucrière à Vienne* » et celle du « *Musée sucrier de l'Ecole I. R. polytechnique tchèque de Prague* » dont nous avons eu déjà souvent l'occasion de parler.

Cette charmante exposition encadrant un groupe allégorique de l'Industrie sucrière fort artistique et très réussi (fig. 1), est excessivement instructive.

A propos de la betterave, de sa croissance et de ses maladies nous avons déjà décrit une partie des objets qu'elle contient, et nous parlerons plus loin des instruments de laboratoire que l'on nous y montre.

Au point de vue fabrication, nous trouvons tous les produits qui se rencontrent et se succèdent en sucrerie : cossettes fraîches et épuisées, jus, sirops, masses cuites et mélasse ; produits de la cristallisation en mouvement ; travail par le noir ; travail par l'acide sulfureux. Nous trouvons aussi la collection de tous les types de raffinés tant pour la consommation intérieure que pour l'exportation. Tout cela est arrangé coquettement, admirablement présenté de manière à plaire autant à l'homme de science qu'à l'homme de goût.

Une collection fort intéressante est celle des produits provenant des différents procédés pour l'extraction du sucre des mélasses, osmose, strontiane, baryte, élution, substitution, séparation, procédé au plomb.

Et aussi celle se rapportant exclusivement à la mélasse, d'abord son utilisation pour la distillerie, et aussi son adaptation à l'alimentation du bétail.

On y voit des échantillons des mélanges de la mélasse avec du coco, des noyaux de palme, du sang, du son et du sang, des germes de maïs, de la tourbe, etc.

Et de même, pour les cossettes épuisées, leur état naturel, les cossettes desséchées, et leur mélange avec du sang pour les rendre plus nutritives.

Enfin les produits accessoires y sont aussi représentés, salins, salpêtre d'eaux d'exomose, sulfate double de potasse et d'ammoniaque, chlorhydrate d'ammoniaque, chlorure de sodium, sulfate de potasse, carbonate de strontiane, etc.

Enfin écumes de saturation pour engrais.

On passe donc ainsi en revue tout ce qui intéresse la fabrication, depuis la betterave jusqu'aux résidus.

Et pour compléter la science sucrière, on y voit une collection de tous les sucres connus, saccharose, glucose, lactose, etc., et leurs dérivés, et l'action de la chaleur sur le saccharose, représentée par des échantillons ayant subi des températures variées, en sorte que les premiers sont à peine brunis, tandis que les derniers sont réduits à l'état de charbon.

Enfin de nombreux tableaux faciles à consulter indiquent le développement économique et technique de l'industrie sucrière dans les **40** dernières années, et deux albums sont attribués à perpétuer le souvenir des inventeurs autrichiens qui ont contribué au développement du matériel des sucreries.

Cet hommage aux inventeurs prouve qu'en Autriche on sait reconnaître et honorer tous les mérites.

Cette Exposition de l'Autriche est tellement remarquable qu'il faudrait lui consacrer de longues pages. Mais ce serait faire un traité de sucrerie complet, puisqu'en effet nous la retrouvons dans tous nos chapitres. Nous regrettons donc de ne pouvoir nous étendre davantage sur les objets que nous venons d'énumérer rapidement, et qui intéressent les fabricants au plus haut point.

Exposition de la Hongrie.

La Hongrie a fait une très belle exposition de ses richesses agricoles, et au milieu d'elles, dans un salon spécial, se trouve l' « *Exposition collective des sucreries de Hongrie* » représentant 18 sociétés, sucreries ou raffineries.

Au milieu de ce salon, un beau groupe allégorique de la Hongrie protégeant la culture de la betterave.

Les produits que l'on nous présente sont des sucres blancs et roux, des raffinés en pains, en pilés, en granulés, etc., de la mélasse et des cossettes desséchées.

Cet ensemble est fort remarquable, et mérite surtout une mention comme collectivité montrant l'état industriel d'un pays.

Pays divers.

Belgique. — Une seule usine avait exposé. C'est la « *Raffinerie Tirlemontoise* » Ce grand et bel établissement comporte une grande sucrerie munie du matériel le plus moderne et le plus perfectionné et marchant avec la séparation, et une raffinerie des plus importantes.

Les objets exposés sont des sucres cristallisés, des raffinés de toutes sortes et des morceaux en boîte d'un kilogramme et demi-kilogramme.

Bulgarie. — La *Société anonyme des sucreries* a exposé ses produits sucrés bruts et raffinés.

Grèce. — La *Direction des propriétés Christaki Zographos* en Thessalie, montre de beaux sucres bruts et raffinés.

Roumanie. — Trois établissements ont exposé : *Fabrique de sucre de Sarcut, Fabrique et raffinerie de sucre de Kitila, Société roumaine pour la fabrication du sucre* à Maraseshti.

Ces trois pays ont peu d'usines et cherchent à étendre leur industrie sucrière. Il était utile de montrer leur existence au public intéressé aux progrès que font les peuples européens de ce côté. Les sucres exposés rivalisent d'ailleurs avec ceux produits par les autres pays.

Nous regrettons que ni l'Espagne, ni l'Italie, qui elles aussi font de rapides progrès, n'ait participé à l'Exposition sucrière comme les autres. D'ailleurs il y a bien d'autres abstentions, et en particulier, et entre toutes, l'Allemagne ! A-t-elle eu crainte de comparer ses produits à ceux de l'Autriche ?

SUCRERIES DE CANNE

Les sucreries de canne qui ont exposé sont nombreuses. Nous devons les grouper par pays sans examiner chacune en détail, et l'on n'y perdra rien ; car chaque pays fournit des produits souvent différents, mais toutes les fabriques d'un même pays donnent des sucres analogues, en sorte que l'on peut les examiner en bloc et en déduire l'état d'avancement de l'industrie dans chacun d'eux.

COLONIES FRANÇAISES

Guadeloupe. — Le Crédit foncier colonial, la Société des sucreries de Port-Louis, MM. Beauperthuy, Duchassaing, Souques et Cie, ont exposé les produits de leur fabrication, ainsi que quelques maisons de commerce importantes.

Ces sucres sont des blancs et des roux. Les sucres blancs sont généralement légèrement teintés, et ne peuvent pas concourir comme aspect avec nos beaux sucres de betterave, ou avec les sucres de canne d'autres pays que nous verrons plus loin.

D'ailleurs le commerce ne demande pas dans les sucres coloniaux le bel aspect qu'on exige des sucres de betteraves ; le goût exquis du sucre de canne, d'autant plus prononcé que le sucre est plus jaune, fait rechercher souvent ces derniers des consommateurs, de préférence aux blancs, tandis que le sucre de betterave ne serait pas consommable s'il n'était pas absolument purifié.

Martinique. — Les sucreries de Basse-Pointe, Saint-Pierre, le François, ont exposé leurs sucres, qui sont peut-être meilleurs que les précédents, mais auxquels s'appliquent les mêmes observations.

Réunion. — Le Crédit foncier colonial, qui possède sept sucreries, a exposé tous ses produits de 1re, 2e et 3e jet. Quatre autres sucreries ont suivi son exemple, en sorte que cette exposition est intéressante et assez complète. Quelques sucres blancs sont assez beaux, et l'on y voit aussi des sucres bruns de dernier jet, qui sont beaucoup plus prisés que les autres de la consommation locale.

Autres pays. — On rencontre encore du sucre au Taïti (un échantillon) dans l'Annam et au Tonkin, où cependant il n'existe pas de grands établissements sucriers, voire même à Madagascar. Ces expositions fort peu importantes sont beaucoup plus commerciales qu'industrielles.

ETATS-UNIS

Une promenade dans l'exposition d'alimentation aux Etats-Unis nous montre tout ce que ce vaste pays peut produire de condiments de toutes sortes ; et, disséminé dans tout cela, du sucre de toutes sortes, parfois très beau, parfois très brun.

Ces expositions présentent le sucre tel qu'on l'extrait de toutes les sources connues, canne, betterave, sorgho, érable et même sucre de lait. C'est donc une promenade fort intéressante à beaucoup de points de vue, puisque l'on peut voir là des produits que l'on ne rencontre nulle autre part. Voici les noms des exposants.

SUCRE DE CANNE, MÉLASSES, PRODUITS DE LA CANNE, ETC.

Louisiana Sugar Planters Association à la Nouvelle-Orléans.
Soniat à Doreyville (Louisiane).

SUCRE DE BETTERAVES, ET PRODUITS DE LA BETTERAVE

Los Alamitos Beet Sugar Cie à Los Alamitos (Californie).
Spreckels Sugar Cie à Salinas (Californie).
Michigan Beet Sugar Association à Détroit (Michigan).

SUCRES D'ERABLE, SIROP ET CRÈME D'ERABLE

Curtice Brothers Cie à Rochester (New-York).
Joslin Cie à Malden (Massachusetts).
Towle Syrup Cie à Saint-Paul (Minnetosa).
Welch brothers Maple Cie à Burlington (Vermont).

SUCRE ET MÉLASSE DE SORGHO

Kenny, Seth and Son à Morristown (Minnetosa).

Hagne et Whitaker à Antwerp (New-York).

On voit que si le nombre des exposants n'est pas grand en sucre de canne et de betteraves, c'est que les fabricants se sont groupés en Associations et ont exposé collectivement.

Nous regrettons de ne pouvoir donner le nombre de sucreries groupées ainsi, c'eût été d'un fort utile enseignement.

CUBA

L'île de Cuba a fait son exposition à part. Onze exposants y ont figuré, représentant les grandes plantations de Cienfuegos, Matanzas, etc. Rien d'ailleurs de bien particulier à signaler.

COLONIES ANGLAISES

Ile Maurice. — Les plus beaux sucres de canne que l'on pouvait considérer à l'Exposition, étaient assurément ceux de l'Ile Maurice. C'est que, dans ce pays, les meilleures méthodes de fabrication ont été mises en pratique sous l'impulsion d'hommes de science remarquables, tels que le Dr Icery, qui a fait de longues études sur la canne, Ehrmann, l'auteur de l'Ehrmannite, qui est un phosphate de chaux soluble, etc.

L'acide sulfureux et le noir s'y sont disputé la palme pour la fabrication des beaux sucres, en sorte que la belle et bonne industrie s'est implantée dans ce pays privilégié.

Aussi voit-on sur les flacons « sucre sans acide sulfureux », « sucre avec acide sulfureux », « sucre sans noir », « sucre préparé sans produits chimiques », etc. Cette distinction entre le sucre fabriqué sans noir et celui fabriqué sur le noir animal, s'impose au point de vue commercial. L'exportation se fait de l'Ile Maurice en tous pays, et particulièrement dans l'Inde, chez des peuples où la religion défend de toucher à des aliments animaux. Le sucre pour ces pays ne doit donc pas, tout à fait officiellement, avoir passé sur le noir animal sous peine de refus. Ailleurs les produits chimiques sont tout à fait interdits comme nocifs.

Il faut donc fabriquer pour tous les goûts ; et même, certains consommateurs exigeant des produits colorés, les fabricants se voient-ils forcés pour écouler leurs beaux sucres de les teindre en jaune ou en brun.

Près de quarante sucreries ont exposé leurs produits, sur lesquels dix déclarent ne pas employer de noir, mais seulement l'acide sulfureux et la chaux, sans sulfate. Les autres ne donnent pas leur mode de fabrication.

Inutile de citer les noms des exposants, parmi lesquels on retrouve les plus grands fabricants de l'Ile. Mais on ne peut quitter cette exposition sans dire qu'elle est vraiment remarquable.

Canada. — Le Canada expose surtout du sucre d'érable, représenté par quatre fabriques.

Ceylan. — Une seule fabrique expose, c'est celle de Hayley et Cie.

MEXIQUE

On compte plus de quarante expositions de sucres les plus divers dans le grand pavillon du bord de l'eau où le Mexique a accumulé ses produits, mais ce sont pour la plupart des cassonades, moscouades, et produits très bruns d'une fabrication rudimentaire. On y rencontre cependant quelques produits de meilleure qualité, voire même des pains.

NICARAGUA

Neufs expositions de sucres bruts de canne sur lesquels il y a les mêmes observations à faire que pour les précédents.

PEROU

Quatorze sucreries ont exposé leurs produits dont quelques-uns sont de très beaux cristallisés. La généralité est représentée par des cassonades, miel de canne, etc. Tous ces sucres, même les plus beaux, sont colorés.

Nous avons ainsi passé en revue toutes les expositions de sucreries de canne. Tous ces produits colorés qui ne nous plaisent pas à l'œil, répondent comme nous l'avons vu aux besoins commerciaux. Il ne faut pas croire que, parce que nous avons cité rapidement le nom de ces pays producteurs, ils ne contiennent pas de beaux et grands établissements sucriers. Ce serait une erreur de le croire. Mais dans un exposé comme celui-ci, la monotonie est bien l'impression que ressent le visiteur obligé d'aller examiner les expositions de tous ces pays-là. Autant les pays d'Europe ont mis d'art et de coquetterie pour nous montrer leurs industries, autant, dans ces contrées éloignées, les sucres sont généralement mal présentés, rangés en bocaux à côté d'épices et de condiments de toutes sortes. Il serait à souhaiter que, une autre fois, l'on fît une exposition particulière de l'industrie sucrière, cette industrie prenant une si grande place sur le globe. On fait bien une exposition métallurgique spéciale, pourquoi ne pas avoir aussi une exposition sucrière spéciale, étant donné que la valeur marchande du sucre, la valeur représentative des établissements sucriers, l'immense surface de terrain cultivée en vue de cette industrie, la quantité énorme de personnel qu'elle emploie, tout cela dépasse de beaucoup, et en tout, les autres industries, même l'industrie métallurgique. Pourquoi donc alors ne lui ferait-on pas un grand pavillon à part où le monde entier montrerait ses produits ? Alors seulement cette exposition serait instructive, aussi bien pour le fabricant que pour le commerçant, car il est bien certain que beaucoup n'ont pas vu les expositions particulières dont nous n'avons découvert l'existence que grâce au catalogue, et à beaucoup de patience et de fatigue. Encore n'avons-nous pu parvenir à tout trouver, comme par exemple en Chine. Souhaitons qu'un jour on donnera plus d'ampleur à l'Exposition des produits de notre belle industrie, aussi bien qu'à celle des machines qui servent dans nos usines et auxquelles on a tant marchandé la place.

MATÉRIEL DE LABORATOIRE DE SUCRERIE

L'Exposition ne contenait d'appareils de laboratoire spécial à la sucrerie que dans la partie française et la partie autrichienne. Nous trouvions cependant en Allemagne, les saccharimètres de Schmidt et Haensch et ceux de Peters.

Nous allons passer en revue tous ces appareils, et comme ils sont assez nombreux nous suivrons l'ordre normal de la fabrication du sucre, en commençant par l'analyse de la betterave, et finissant par le contrôle des générateurs.

SACCHARIMÉTRIE

La recherche du sucre étant le point capital de la fabrication, nous commencerons par l'étude des saccharimètres.

Exposition Ph. Pellin. — Le pouvoir rotatoire du sucre fut mesuré d'abord au moyen de l'appareil de Biot, composé uniquement d'un polariseur et d'un analyseur entre lesquels on intercalait un tube rempli de solution sucrée. L'angle qu'il fallait faire faire à l'analyseur pour ramener l'obscurité mesurait le pouvoir rotatoire du liquide interposé.

Soleil imagina le *biquartz*. C'était deux lames de quartz de même épaisseur, l'une droite l'autre gauche, accolées l'une contre l'autre et que l'on intercalait sur le trajet des rayons lumineux entre deux Nicols. En regardant ce biquartz dans ces conditions, on voyait le disque séparé par une raie, mais d'une teinte uniforme, et présentant l'une des couleurs du spectre, celle qui correspondait à l'épaisseur de la lame du biquartz.

Dans ces conditions, si l'on interposait un tube rempli d'une solution sucrée, on voyait les deux demi-disques, se colorer de teintes nouvelles mais différentes l'une de l'autre et complémentaires.

Pour mesurer le pouvoir rotatoire du sucre, il suffit d'interposer sur le parcours des mêmes rayons une épaisseur de quartz qui fasse équilibre à la rotation du sucre et la mesure de cette épaisseur donne celle du pouvoir rotatoire par rapport au quartz, car on avait reconnu que le pouvoir rotatoire du sucre et celui du quartz sont exactement comparables. Cette épaisseur variable du quartz était obtenue au moyen d'un coin en cette matière que l'on faisait avancer au moyen d'une crémaillère. Un vernier permettait de lire avec exactitude l'épaisseur de quartz.

Tel est le principe élémentaire du saccharimètre Soleil, le père de tous les saccharimètres inventés depuis.

Jellet imagina plus tard un autre moyen d'obtenir les deux demi-disques de teinte différente. Il coupa le Nicol analyseur suivant un plan passant par les grandes arêtes ; puis chacune des faces coupées fut usée en biais, et les faces nouvelles furent recollées. On avait donc enlevé dans le milieu du Nicol une petite épaisseur en forme de coin ayant un angle de 3 à 5 degrés.

Il en résultait que les rayons polarisés ne tombaient plus sous le même angle sur l'analyseur, formant deux faisceaux polarisés sous un angle différent. En employant une source lumineuse monochromatique, on voyait donc au lieu d'une obscurité complète, deux *pénombres* égales. Mais si l'on tournait l'analyseur, l'un des côtés s'éclairait tandis que l'autre prenait l'obscurité complète.

On obtenait le même résultat avec l'interposition d'une solution sucrée, et en tournant l'analyseur on ramenait la pénombre. L'angle de rotation mesurait le pouvoir rotatoire du sucre.

Ce nouveau saccharimètre, avec prisme de Jellet étudié plus tard par

~~Comme,~~ ~~fut exécuté et perfectionné~~ par Duboscq, et enfin par Pellin son successeur. ~~Pellin y a apporté lui-même ses~~ perfectionnements et c'est celui qui est exposé (fig. 66).

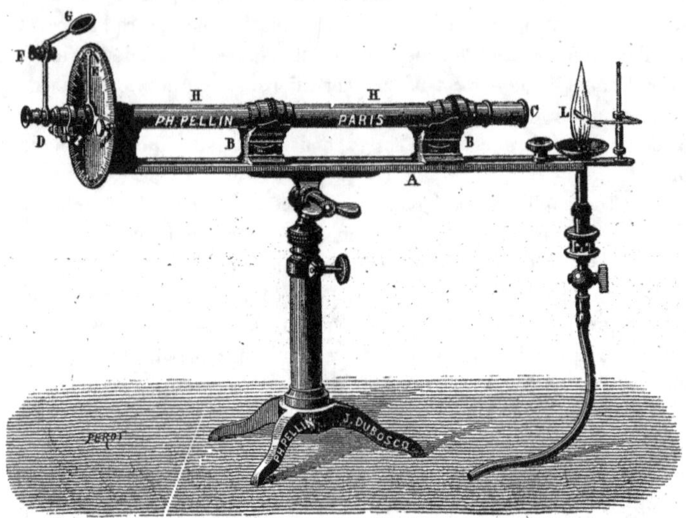

Fig. 66.

Comme il a figuré déjà à l'Exposition de 1889, et que nous l'avons déjà décrit, nous n'insisterons pas davantage. Mais nous avons tenu à en donner le principe, parce que nous trouverons plus loin des saccharimètres dont les constructeurs se sont inspirés de l'invention de Soleil et de celle de Duboscq.

Exposition Jobin. — Laurent chercha un autre moyen de produire la pénombre.

Sur le trajet des rayons lumineux traversant le Nicol polariseur, il intercala une lame de quartz demi-ondé ne prenant que la moitié du champ. On aperçoit alors à l'analyseur, avec la lumière monochromatique, une moitié du disque moins noire que l'autre, et en tournant l'analyseur on ramène les deux moitiés à la même pénombre.

L'appareil étant ainsi réglé, si l'on interpose un liquide sucré, on obtient une moitié du disque beaucoup moins noire que l'autre, et si l'on tourne l'analyseur on ramène l'égalité de pénombre. L'angle dont on a tourné l'analyseur mesure le pouvoir rotatoire du sucre.

Le saccharimètre Laurent est d'une exactitude remarquable. Mais il jouit encore d'une autre propriété. Si, l'analyseur étant placé de manière à obtenir l'égalité de pénombre, on tourne le polariseur, on a toujours l'égalité de teinte des deux demi-disques, seulement la pénombre est de plus en plus claire. Cette propriété permet d'interposer entre l'analyseur et le polariseur des liquides colorés que ne traverserait pas la lumière très sombre de la position normale, tandis que les rayons plus clairs qui résultent de la rotation du polariseur peuvent être perceptibles. On peut donc regarder au saccharimètre Laurent des liquides qui ne donneraient aucune indication avec le saccharimètre Duboscq. Seulement c'est au détriment de l'exactitude des observations, cette exactitude étant d'autant plus grande que l'amplitude de l'angle des deux Nicols est plus petite.

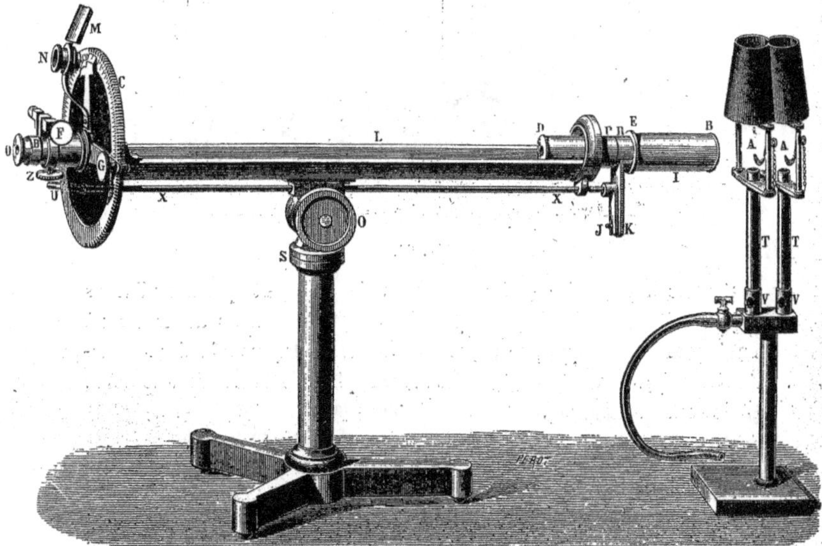

Fig. 67.

Le saccharimètre Laurent (fig. 67) est construit maintenant par Jobin son successeur. Cet appareil a déjà été exposé et décrit en 1889.

La lumière monochromatique employée est la lumière jaune, et toutes les observations des pouvoirs rotatoires des sucres sont ramenées à la lumière fournie par la raie D du spectre, qui est celle du sodium. On obtient la lumière correspondante, ou à peu près, mais très approximativement la même, en mettant du sel marin dans la flamme incolore d'un bec Bunzen.

Mais cette flamme monochromatique est difficile à obtenir dans les laboratoires où l'on n'a pas le gaz à sa disposition.

Aussi a-t-on cherché à employer la lumière blanche d'une lampe ordinaire. On y est arrivé en interposant le compensateur à cône de quartz de Soleil sur le trajet des rayons immédiatement avant l'analyseur comme l'indique la fig. 68.

Fig. 68.

On a ainsi le saccharimètre Laurent, aussi bien d'ailleurs que le saccharimètre Duboscq, dit à lumière blanche.

Telle est la théorie sommaire de tous ces appareils. Nous en avons donné une théorie et une description plus complète dans notre *Traité théorique et pratique de la fabrication du sucre* édité chez E. Bernard et Cie, qui d'ailleurs a exposé ce livre dans sa vitrine. Il se trouvait aussi dans l'Exposition collective de l'Association des chimistes de sucrerie de France. Nous renvoyons nos lecteurs à cet ouvrage.

M. Jobin a exposé encore un autre saccharimètre basé sur les mêmes principes, donnant plus de sécurité encore à l'observateur dans l'obtention de l'égalité des teintes. C'est le saccharimètre dit à *deux* ou *plusieurs plages*.

Au lieu d'interposer sur le parcours des rayons une lame de quartz demi-onde, on en met deux, l'une à droite l'autre à gauche du disque, et laissant entre elles un espace représentant à peu près le tiers de la surface totale ; on aura donc trois bandes qui arriveront ensemble à la pénombre, celle du milieu étant toujours encadrée entre deux teintes qui varient ensemble de la même valeur. L'œil n'a donc plus la même impression d'indécision entre le choix de l'égalité de teinte, puisqu'il a une bande centrale qui vient trancher sur un fond uniforme. On a donc plus de chance ainsi d'avoir la perfection.

On peut étendre encore le principe en faisant deux bandes au lieu d'une.

Ces appareils à deux plages sont une perfection, et l'on ne peut obtenir sensibilité plus grande, comme l'ont constaté tous ceux qui ont été à même de s'en servir.

Exposition Peters, de Berlin. — Les Allemands ne voulant pas être tributaires des constructeurs français, imitèrent nos appareils auxquels ils ajoutèrent le nom de l'imitateur pour les distinguer des appareils français proprement dits. C'est ainsi que l'on trouve dans cette exposition le *saccharimètre Soleil-Wentske*.

Plus tard le nom français disparut complètement, l'appareil ne portant plus que celui du promoteur d'une petite transformation quelconque. Mais le principe des appareils n'a pas changé et reste toujours le même sans modification.

Dans cette exposition, dont les appareils d'ailleurs sont d'une construction très soignée, on trouve encore le *saccharimètre Herzfeld* et le *saccharimètre Stammer*. Ce sont des adaptations du saccharimètre aux différents besoins des laboratoires sucriers qui peuvent avoir leur utilité.

Exposition Schmidt et Haensch, de Berlin. — Ces constructeurs ont la spécialité d'un saccharimètre genre Laurent, qui a la plus grande renommée en Allemagne. On le rencontre d'ailleurs dans beaucoup de laboratoires de Russie et de Belgique. Les Nicols, sont d'une taille spéciale, dit prisme de Glau, et la lame demi-onde est remplacée par un prisme de Glau également, qui ne couvre que la moitié de la surface du polariseur. Le polariseur, comme dans le saccharimètre Laurent, est mobile pour obtenir plus ou moins de lumière.

Six saccharimètres se trouvent dans cette vitrine, portant les dénominations de saccharimètres à double compensation, Landolt, Lippich, etc. mais reposant sur le même principe, et différant surtout entre eux par la forme, afin d'obtenir plus de commodité dans les expériences.

L'une des formes les plus intéressantes est celle de Landolt et a été imaginée en vue d'études scientifiques, mais peut servir pour la simple polarisation des produits d'usine.

Le polariseur et l'analyseur sont portés sur de solides chaises en

fonte. Le tout est bien relié ensemble et les parties optiques sont inamovibles. Les tubes reposent sur un chariot mobile qui se déplace entre
les parties optiques. Ce chariot-support est fait pour deux tubes, de
manière à pouvoir comparer rapidement deux solutions, ou vérifier le 0
en mettant de l'eau dans l'un des tubes. C'est un très bel appareil.

Le saccharimètre à double compensateur comporte deux coins de
quartz ou compensateurs Soleil, mobiles l'un devant l'autre et indépen-
dants. On fait la lecture avec l'un, et on ramène au 0 avec l'autre ensuite. Les deux compensateurs étant gradués en sens inverse, les
lectures doivent être les mêmes sur les deux si l'appareil est bien au
point.

Les saccharimètres de Schmidt et Hœnsch sont d'une belle apparence,
solides, et bien construits.

Exposition Josef et Jan Fric, de Prague. — Cette maison est la
première qui ait commencé la fabrication des saccharimètres en Autriche. Elle s'appliqua d'abord à perfectionner les détails, et nous voyons
dans son exposition plusieurs dispositifs d'échelle et d'éclairage destinés
à rendre la lecture plus facile et plus exacte.

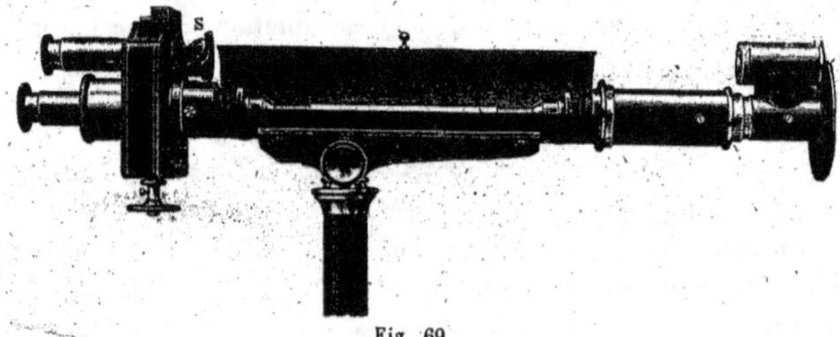

Fig. 69

Leur dernière création est le saccharimètre (fig. 69) avec échelle gra-
vée sur verre, cette substance ayant l'avantage ni de s'oxyder comme le
métal, ni d'être sensible à l'humidité comme l'ivoire. Sa construction en
est d'ailleurs très soignée dans les moindres détails.

C'est un saccharimètre à pénombre pour lumière blanche, gradué pour
le poids normal français ($16^{gr},29$ de sucre dans 100 cm³), marquant
exactement 100 avec la lame de quartz de 1 mm.

Sa partie optique se compose d'un polariseur, fig. 70, qui est le Nicol
taillé suivant les principes de Jellett, et d'un analyseur fig. 71, qui comporte toutes les pièces que l'on rencontre dans le saccharimètre Soleil,
soit la lame de quartz épaisse qui donne la teinte sensible, un seul coin

de quartz équilibrant la première lame de quartz, enfin le Nicol analyseur. Une petite lame de quartz entre le coin et le Nicol ajoute son effet aux autres pièces.

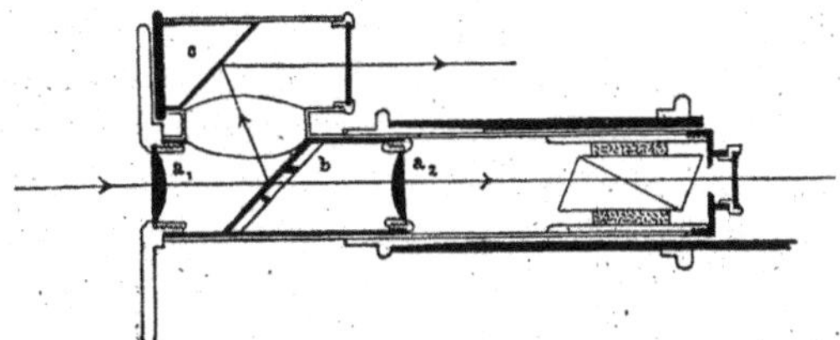

Fig. 70.

Le résultat de cet ensemble est le suivant. Les plans de polarisation des rayons émergeant du polariseur sont inclinés d'une même quantité mais en sens contraire sur la verticale. Le premier quartz qui les reçoit les fait dévier tous deux à droite de la même quantité. Mais leur angle avec la verticale étant différent, ils prennent à la sortie du quartz des directions telles que l'un des rayons a un fort retard sur l'autre.

Si l'on examine alors avec l'analyseur, on voit l'un des champs du disque coloré et l'autre clair, et l'épaisseur du quartz est choisie telle que l'un des champs donne les teintes colorées du spectre, rouge et violet, tandis que l'autre donne les teintes claires, orangé clair et jaune. Au O, la teinte est un peu plus colorée que la teinte sensible de Soleil, par conséquent plus facilement appréciable.

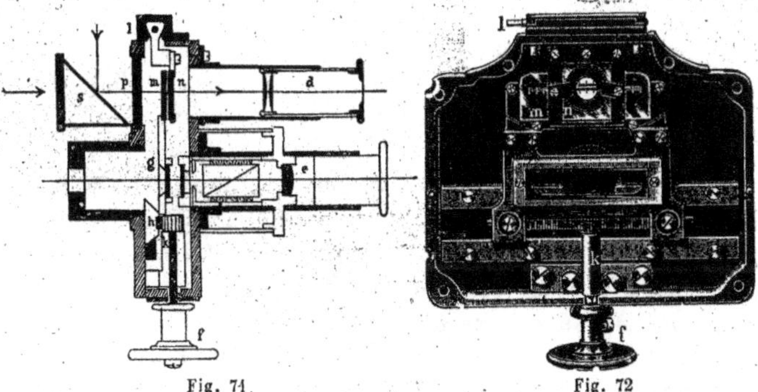

Fig. 71.   Fig. 72

La lecture se fait sur une échelle et un vernier en verre, fig. 72, qui sont éclairés par derrière, et cette lecture par transparence est très facile, très exacte et très agréable à l'œil. L'éclairage se fait par réflexion comme il est indiqué fig. 71.

Tous les organes sont enfermés dans des boîtes étanches empêchant l'action de la poussière, et d'une grande solidité maintenant l'inamovibilité des pièces.

Une modification à l'appareil consiste dans l'addition d'un second coin de quartz indépendant du premier. On fait la lecture avec l'un comme d'ordinaire et le second contrôle l'indication de l'autre en ramenant avec lui l'uniformité de teinte. Il devient donc ainsi un saccharimètre à double compensation.

Ce saccharimètre est exposé également dans la section Autrichienne de sucrerie.

Dosage du sucre dans la betterave.

Le dosage du sucre dans la betterave a fait l'objet de nombreuses recherches depuis que la sélection s'est étendue à un grand nombre d'établissements faisant la graine sur une vaste échelle. La nécessité d'exécuter un nombre considérable d'analyses en très peu de temps a poussé les chimistes à trouver des méthodes rapides, tout en conservant une exactitude suffisante. Il en est même résulté que les méthodes rapides sont devenues absolument exactes, et que ce sont celles que l'on emploie dans tous les laboratoires.

L'Exposition nous fait voir un grand nombre d'appareils servant à ces analyses.

Exposition Pellet. — Pellet est le grand champion français des débats contradictoires qui ont eu lieu sur cette question. Il a imaginé une méthode admise aujourd'hui dans tous nos laboratoires, celle appelée *méthode de la digestion aqueuse à froid*.

Dans une vitrine d'assez grande dimension, mais trop petite encore pour tenir toutes les inventions qu'il a créées en vue des analyses de sucrerie, il nous montre tous les instruments propres à faire les analyses de betteraves, non seulement par digestion à froid, mais aussi par *digestion aqueuse à chaud* et par *digestion alcoolique à chaud*.

Pour faire la *digestion aqueuse à froid*, l'appareil indispensable d'abord c'est la râpe. Celle-ci doit en effet réduire la betterave en bouillie, non pas impalpable, mais représentant des petits fragments ténus et réguliers. Pour cela, on emploie une râpe ayant la taille des limes à bois, dite taille *Keil*.

Pellet avait inventé autrefois une râpe à disque conique (fig. 73 et 74) enlevant dans la betterave une tranche de même forme représentant un échantillon complet de la racine de la tête à la queue. Il a fait tailler ses disques coniques suivant la taille Keil et a eu ainsi l'instrument parfait pour donner rapidement un échantillon de pulpe propre à la digestion aqueuse à froid. La râpe porte le nom de *râpe conique rationnelle de Pellet et Lomont*.

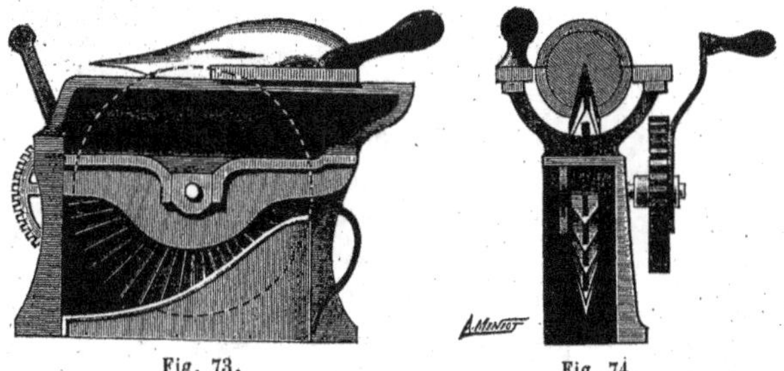

Fig. 73.   Fig. 74.

Cette pulpe est pesée, introduite dans un ballon de forme spéciale ; le ballon reçoit ensuite de l'acétate de plomb, de l'eau, quelques gouttes d'acide acétique et est affleuré. On secoue, on filtre et regarde au saccharimètre.

Pour la sélection on ne peut employer cette râpe, puisqu'on prélève dans la racine-mère un cylindre au moyen d'une sonde. Dans ce cas, on découpe dans cet échantillon un petit cylindre pesant 16^{gr},29, et on le râpe au moyen d'appareils appropriés (Henriot, Gouthiere et Baudry, etc).

Au lieu de peser le cylindre, Pellet a remarqué qu'il suffisait d'en découper une longueur déterminée d'avance et que, avec la même sonde, des longueurs égales de ces petits cylindres avaient identiquement le même poids.

Pellet a donc construit un couteau à deux lames, dont l'une est mobile. Avec ce couteau, on coupe les échantillons à longueur exacte. On commence par bien régler le couteau pour que le petit cylindre pèse exactement **16,29** et ensuite on peut découper indéfiniment des échantillons avec la certitude d'avoir toujours le poids normal. On gagne donc ainsi beaucoup de temps. Ce couteau est exposé.

La *digestion aqueuse à chaud* s'opère lorsqu'on ne peut pas se servir de la râpe spéciale, par exemple pour analyser des cossettes que l'on a ait passer dans un hache-viande. Les opérations sont plus longues.

Mais en faisant les analyses en série, cela va encore très vite. Pellet a imaginé ballons, bain-marie, bain de rafraîchissement pour les ballons, enfin tout le matériel nécessaire pour travailler bien et vite.

La *digestion alcoolique* se fait dans des appareils à déplacement dits *extracteurs* (fig. 75). Pellet fait observer que les extracteurs continus ou discontinus ne donnent pas en une seule fois l'extrait complet, qu'il faut faire deux digestions pour s'assurer si le marc est bien épuisé. Aussi préfère-t-il l'extracteur continu.

Pellet a construit un extracteur continu s'adaptant à ses flacons spéciaux pour digestion à chaud qui sont gradués pour le poids normal. Ce qui caractérise surtout l'appareil, c'est le robinet placé au-dessous de l'éprouvette qui contient la râpure. En réglant ce robinet on maintient toujours la râpure dans l'alcool, aussi la digestion est-elle très rapide. En une demi heure l'épuisement est terminé, tandis que, avec les appareils Soxhlet et autres, il faut une heure à une heure et demie.

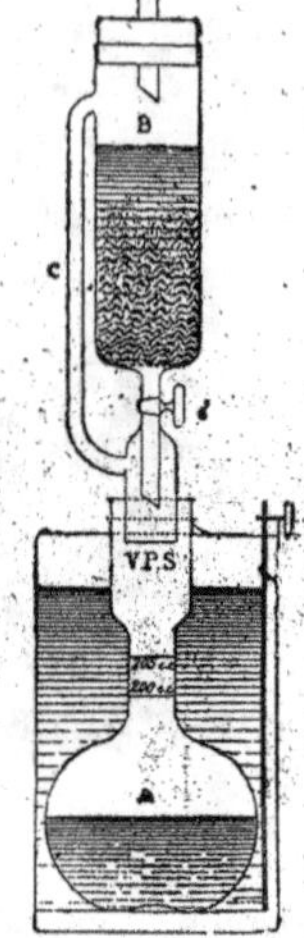

Fig. 75.

La pulpe occupe une très grande hauteur dans l'éprouvette dont le diamètre est calculé en conséquence ; c'est une des causes de l'épuisement rapide. Enfin, tout l'appareil est garanti contre la condensation par refroidissement extérieur au moyen d'une enveloppe isolante. La vapeur d'alcool est condensée seulement dans un réfrigérant surmontant l'appareil et non représenté ici. Pour le même motif, le ballon est entièrement plongé dans le bain-marie.

Mais comme on peut employer des ballons de formes diverses avec cet extracteur, Pellet a imaginé un bain-marie à support mobile pour que le ballon plonge toujours entièrement dans l'eau.

Nous avons donc par l'une de ces trois méthodes des liquides à polariser. Quand il s'agit de faire 150 polarisations à l'heure, comme dans les laboratoires de sélection, l'emplissage des tubes de saccharimètre est une opération demandant un grand personnel et un nombre considérable de tubes. Pellet a imaginé un *tube-continu* (fig. 76) qui permet de faire toutes les opérations dans le même tube.

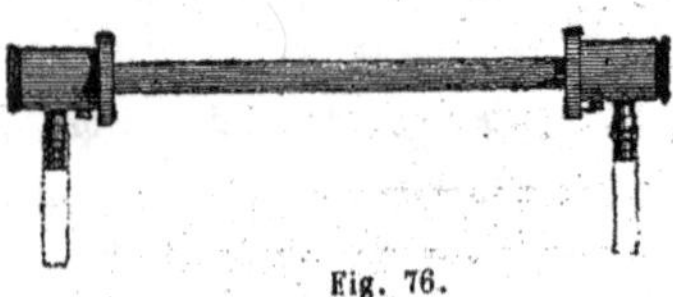

Fig. 76.

C'est un tube ordinaire présentant à ses deux extrémités un ajutage de manière à ce que l'on puisse faire circuler un liquide à l'intérieur, le faisant entrer par un des ajutages et sortir par l'autre. Les ajutages sont disposés de telle sorte que le liquide en entrant et en sortant nettoie les glaces.

Ceci donné, on place le tube sur le saccharimètre, et, sur les ajutages, on fixe des caoutchoucs dont l'un est plus court que l'autre, le bout le plus long portant une pince à son extrémité. Si l'on emplit tube et caoutchoucs avec un liquide, laissant le bout court dans le verre qui contient le liquide, on aura formé ainsi un siphon dont on peut arrêter l'effet au moyen de la pince. On opère donc ainsi qu'il suit (fig. 77).

Fig. 77.

Les solutions à polariser sont apportées dans des verres. On place le bout court dans le verre, on ouvre la pince ; la solution placée dans le verre passe dans le tube, chassant devant lui le liquide qui y était précédemment. On polarise.

Pendant que l'opérateur regarde au saccharimètre, un aide change le verre, ouvre la pince et le tube se trouve rempli d'une nouvelle solution qui est polarisée à son tour et ainsi de suite sans interruption.

Il a été parfaitement constaté qu'en opérant ainsi le tube se trouve assez lavé par le liquide que l'on a fait entrer pour qu'il ne reste plus trace du liquide qui y était précédemment et les polarisations sont exactes. Aussi le tube continu Pellet est-il universellement répandu.

On en trouve un spécimen exposé dans la vitrine de Schmidt et Hœnsch, en Allemagne, et un autre dans l'exposition autrichienne.

Dans toutes ces analyses, il est parfois nécessaire de doser le marc épuisé de sucre. Pellet a imaginé un petit appareil pour cet usage (fig. 78).

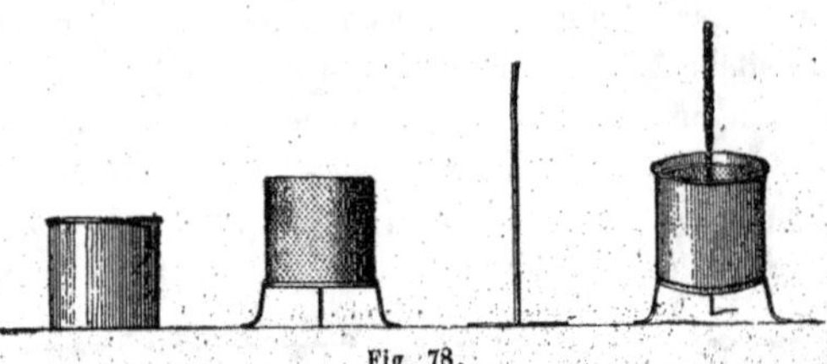

Fig. 78.

C'est un petit panier cylindrique fabriqué avec une feuille de cuivre perforée, et supporté par trois pieds. Une enveloppe en cuivre, non perforée et mobile, l'entoure. Dans ce panier, on met 10 à 20 grammes de pulpe préparée avec la râpe à taille Keil, et l'on verse dessus de l'eau chaude jusqu'à parfait épuisement. Au début, on avait retiré l'enveloppe en cuivre mobile. A la fin, on la remet pour forcer l'eau à traverser toute la couche de râpure.

Quand on est certain que l'épuisement est complet par l'analyse du liquide qui coule, on presse le marc au moyen d'un disque muni d'une tige pour éliminer le plus d'eau possible, et l'on porte à l'étuve, en ayant soin auparavant de remuer le marc pour le diviser et aider à la dessiccation. On avait pesé l'appareil vide. On le repèse au sortir de l'étuve ; la différence donne le poids du marc.

On a souvent à rechercher des traces de sucre dans les liquides, comme par exemple dans les eaux de condensation. Cette opération est très délicate et souvent même les résultats que donnent les méthodes ordinaires du dosage du sucre sont erronés.

Pellet et *Giesbers* ont recherché un procédé chimique qui permette d'arriver sûrement à un résultat.

Il se sont servis de la propriété que possède un corps du groupe des phénols, l'*α-naphtol*, en solution alcoolique à 20 0/0, de se colorer en rouge en présence de l'acide sulfurique et du sucre, ce dernier étant même en très faible quantité.

Ils ont basé sur cette observation une méthode qu'ils ont nommé *chromo-micro-saccharimétrie*, avec laquelle ils parviennent même à doser le sucre depuis quelques milligrammes jusqu'à 0,1 à 0,2 de matière

sucrée par litre. Ils ont agencé un nécessaire exposé dans la vitrine de
M. Pellet permettant d'avoir sous la main tout ce qu'il faut pour faire
rapidement ces analyses.

Le procédé de dosage se fait par comparaison avec des tubes témoins
dans lesquels on a enfermé de la liqueur de tournesol étendue à la teinte
correspondant à différentes teneurs en sucre traitées par l'α-*naphtol*,
les teintes de tournesol et du réactif étant semblables.

Quand on a obtenu ces teintes témoins, on prend un des tubes du
nécessaire gradué pour n'avoir aucune mesure autre à faire. On y verse
5 cm³ d'acide sulfurique pur, puis 2 cm³ de la solution à examiner, sans
agiter, puis 1/2 cm³ de la liqueur *réactif*, et l'on agite rapidement. S'il
y a du sucre, on observe une teinte violacée d'autant plus forte qu'il y
a plus de sucre. On compare avec les tubes-témoins et d'après la coloration on juge de la quantité de sucre contenue dans la liqueur
observée.

On voit donc que dans l'Exposition de M. Pellet nous avons trouvé
tous les appareils nécessaires pour l'analyse de la betterave.

Autres expositions. — Dans l'Exposition autrichienne, nous trouvons
d'autres extracteurs, celui de *Stein* qui contient à l'intérieur un petit
panier de platine, dans lequel on met la pulpe à épuiser, ce qui permet
en une seule opération de doser le sucre et le marc sur le même échantillon ; l'extracteur *Poupe*, qui diffère peu des extracteurs connus. Et
en effet, il est difficile de faire quelque chose de bien nouveau dans ce
genre, le principe étant le même pour tous.

Comme saccharimétrie rapide, nous voyons un spécimen du tube Pellet
construit par Stift, et un polarimètre dit *universel* . Il consiste en un
saccharimètre quelconque dont les parties optiques reposent sur des
chaises solidement établies pour qu'elles soient inamovibles. Entre elles
tourne un support capable de contenir un grand nombre de tubes ; en
faisant tourner le support, les tubes se présentent naturellement devant
l'oculaire. De cette manière, il est même possible de changer les tubes
sur le support pendant l'observation, ce qui permet à l'opérateur un
travail ininterrompu.

ALCALIMÉTRIE

Les nécessaires alcalimétriques et acidimétriques et les burettes qui
servent à ces essais sont fort nombreux. On en trouve en beaucoup de
points de l'Exposition. Nous ne parlerons que de ceux exposés dans la
classe 55, c'est-à-dire par les chimistes de sucrerie.

Exposition Pellet. — La burette à main de Mohr avait été perfectionnée par Nugues. Son bec fut placé par lui au-dessous de la partie coudée du tube et réduit à un petit téton fort court. Cette burette a pris complètement la place de celle de Gay-Lussac dans les laboratoires, parce que son écoulement est parfait et facile à régler.

On ne rencontre plus que celle-là comme burette mobile.

Comme burette fixe on a la burette de Mohr à robinet ou à pince (fig. 79), encore la pince a-t-elle été remplacée, par Pellet, par une bille de verre engagée dans le caoutchouc.

Donc toutes les burettes se réduisent à ces deux types qui ont été plus ou moins adaptés aux usages spéciaux qu'on leur demande, et qui, par cela même et pour les distinguer entre elles, ont reçu le nom du chimiste qui a fait cette adaptation.

Pellet a exposé la burette Nugues-Pellet avec bouchon de réglage pour obtenir l'écoulement régulier aussi faible qu'on le désire. Sa graduation est faite de telle sorte qu'on puisse la lire en tenant la burette de la main gauche, ce qui est une bonne chose, la main droite étant occupée avec l'agitateur.

Fig. 79.

L'un des perfectionnements apportés par Pellet aux burettes a été de les faire construire à double enveloppe, comme on le voit sur la fig. 79. De la sorte, les divisions sont toujours nettes et lisibles, d'autant plus qu'on peut alors les faire très colorées et ressortant sur fond d'émail.

Dans la vitrine de Pellet se trouve aussi le nécessaire alcalimétrique de Ledocte. C'est un flacon de Woolf à trois tubulures. Celle du milieu porte un tube plongeur qui s'élève verticalement jusqu'à l'extrémité supérieure d'une burette à niveau constant. Celle de gauche sert à comprimer l'air dans l'intérieur du flacon avec une poire en caoutchouc ; celle de droite porte aussi une poire, mais permet de prélever une quantité quelconque du liquide contenu dans le flacon, quantité que l'on peut mesurer au moyen de petits vases faisant partie du nécessaire. On abrège ainsi le temps des analyses.

Exposition Sidersky. — Ce chimiste a adapté également la burette Nugues ; seulement il a coudé deux fois le tube (fig. 80), de manière à ce que la burette étant verticale, assise sur un pied adapté à sa partie inférieure, l'autre ex-

Fig. 80.

trémité se termine aussi verticalement pour que l'emplissage soit facile.

Cette burette étant destinée à la distillerie, sa graduation est empirique.

Exposition d'Autriche. — On y trouve le nécessaire alcalimétrique de Hodeck. Cet appareil diffère des autres pour la raison que, au lieu de mesurer le liquide écoulé, on compte les gouttes qui en coulent. L'appareil est donc très simple. C'est un vase en forme de poire, le petit bout en bas, avec ajutage capillaire qui ne laisse passer le liquide que goutte à goutte. D'après la théorie physique, ces gouttes ont toutes le même volume. On emplit donc le vase d'un liquide tel que chaque goutte corresponde à 1 dixième d'alcalinité par litre, par exemple. On peut employer d'ailleurs tel liquide que l'on veut pour obtenir l'approximation désirée.

Il est utile d'étalonner l'appareil pour s'assurer de la valeur de la goutte.

ANALYSE DE LA PIERRE A CHAUX

L'appareil généralement usité en sucrerie pour doser la quantité d'acide carbonique que contient le calcaire est le calcimètre Scheibler. Mais il a subi de nombreuses transformations en traversant les laboratoires, transformations qui ont rendu son maniement plus facile.

Le calcimètre Scheibler, imité de l'appareil Delaroche et Bérard, comportait une poche en caoutchouc dans laquelle se recueillait l'acide carbonique.

Salleron et Pellet ont supprimé cet organe fragile dans l'appareil exposé dans la vitrine de Pellet (fig. 81).

Le nouveau calcimètre se compose d'un tube en U comme celui de Scheibler, dont une seule branche est graduée. La partie courbe inférieure du tube porte un ajutage à robinet P, sur lequel s'ajuste un tuyau en caoutchouc communiquant avec un vase G plein d'eau, et tubulé par le bas.

A côté du tube gradué B, se trouve parallèlement un tube A terminé par une grosse boule. Ce tube est rejoint au haut du tube B par un tube coudé portant un robinet R. Enfin, la grosse boule se rattache par un tube en caoutchouc T à une bouteille à large goulot F portant un bon bouchon.

Ceci posé, on remplit le flacon G d'eau ordinaire, on ouvre les robinets P et R, et on élève le flacon G pour remplir d'eau les tubes B et C jusqu'au point O du tube B. On ferme alors le robinet P.

On pèse alors $0^{gr},34$ du calcaire à essayer, ou ses multiples pour des substances contenant moins de carbonate de chaux, le poids normal étant de $1^{gr},7$. On l'introduit dans le flacon F; puis on y introduit aussi un petit tube ouvert *e* contenant 10 cm³ d'acide chlorhydrique. On ferme bien le bouchon, puis le robinet R, et l'expérience est prête à commencer.

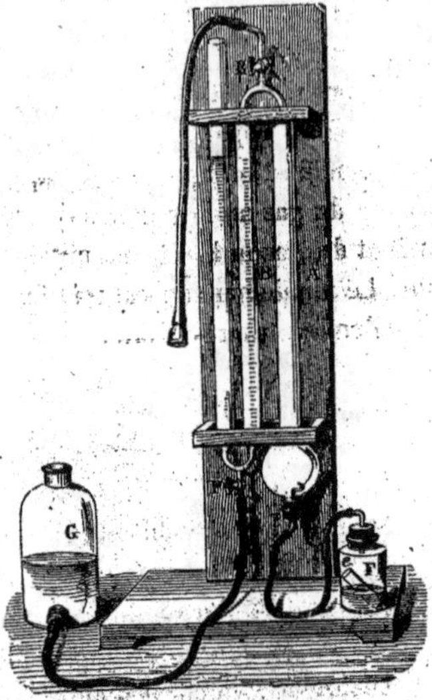

Fig. 84.

On incline le flacon F, l'acide se répand sur le calcaire, le gaz carbonique se dégage et s'emmagasine dans la boule du tube A, chassant devant lui l'air qu'elle contient, abaissant le niveau de l'eau dans le tube B et le faisant remonter au C. On voit que le gaz carbonique étant plus lourd que l'air restera dans la boule et sera surmonté de tout l'air déplacé qui empêchera sa dissolution dans l'eau du tube B.

Ceci fait, on ouvre avec précaution le robinet P, de manière à rétablir le niveau dans les tubes B et C et la division donne, par l'intermédiaire d'une table, la teneur en acide carbonique du calcaire.

La division du calcimètre Salleron est la même que celle de Scheibler, 1 division $= 0^{cc},4$. De la sorte les tables des deux calcimètres sont les mêmes.

On peut simplifier l'appareil en mettant directement le tube *t* du flacon F en connexion avec le tuyau B, et supprimant A. Dans ce cas, au

lieu d'eau, on emploie de la glycérine à 25 dans le vase G, la glycérine
ne dissolvant pas l'acide carbonique. De plus, cela a l'avantage d'avoir
un appareil insensible à la gelée.

ANALYSE DES GAZ

En sucrerie on a besoin d'analyser le gaz carbonique, le gaz sulfureux et les gaz sortant des carneaux des générateurs.

L'appareil type pour l'analyse des gaz, celui qui est le plus complet et
le plus répandu est l'appareil Orsat qui est devenu classique.

Kazalowsky a combiné un appareil du même genre, exposé dans la
section d'Autriche ; la modification apportée à l'appareil Orsat consiste
en ce que le mouvement du gaz au lieu d'être donné par le mouvement
ascendant et descendant du flacon à eau, est obtenu par le jeu de deux
poires en caoutchouc. Le maniement en est très facile. De plus, il tient
peu de place et est facilement transportable.

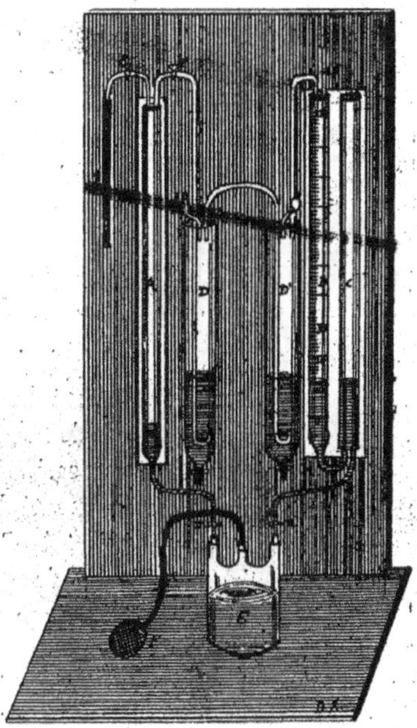

Fig. 82.

Pour analyser les gaz du four à chaux, on peut se servir du même
appareil. Mais comme on n'a pas besoin d'autre chose que de connaître

l'acide carbonique, et au plus l'oxyde de carbone, on a simplifié la disposition.

Sidersky a exposé dans sa vitrine un appareil de ce genre (fig. 82) qu'il a nommé « carbonimètre », déjà ancien d'ailleurs, et qui est une modification de l'appareil Scheibler. L'élément principal est toujours le tube en ∪ que Scheibler a toujours employé dans ses appareils à doser l'acide carbonique, et aussi la pipette pour le mesurage des gaz, qui est à gauche ici sur la figure. Au lieu d'employer deux flacons pour l'emplissage du tube en ∪ et de la pipette, Sidersky n'en a qu'un, et il emmagasine la potasse dans des éprouvettes dans lesquelles le gaz vient barboter, rendant ainsi l'absorption de l'acide carbonique plus rapide et plus certaine.

Pellet a exposé un appareil qu'il a nommé « sulficarbonimètre » (fig. 83) parce qu'il peut servir aussi bien à l'analyse du gaz sulfureux que du gaz carbonique. C'est l'eudiomètre de Raoult modifié. Il est très

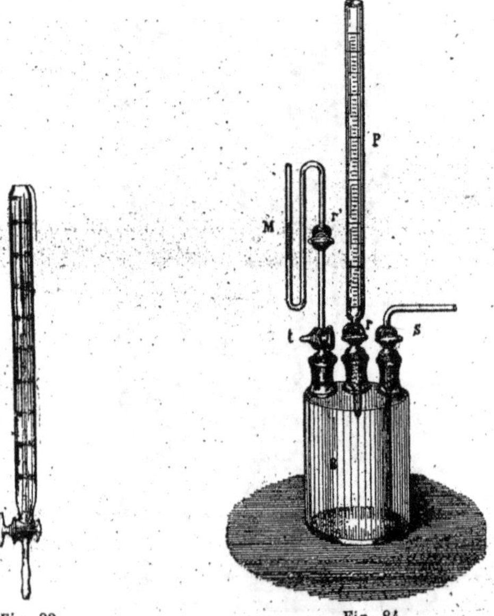

Fig. 83.   Fig. 84.

commode parce qu'il tient peu de place, est très maniable et les opérations sont rapides. Il se compose d'un tube gradué contenant 50 ou 100 cm³, d'un robinet en cuivre s'adaptant à la partie inférieure, d'un robinet en cuivre terminé par un tube formant entonnoir que l'on ajuste à la partie supérieure et qui n'est pas représenté ici. Il peut être d'ailleurs entièrement en verre.

Pour le remplir du gaz à analyser, on ouvre tous les robinets, on met le robinet du bas en communication par un caoutchouc avec le gaz et on le laisse passer jusqu'à ce que l'air soit chassé. On ferme les robinets. Alors, dans l'entonnoir on met une solution de potasse ou de soude, on ouvre doucement le robinet. Un peu de liquide pénètre qui absorbe CO^2. On ouvre le robinet encore une fois, l'absorption est plus vive. On agite et l'on ajoute de la solution alcaline jusqu'à absorption complète. On ouvre alors le robinet du bas, on affleure et on lit la division qui donne la teneur en CO^3.

Si l'on veut ensuite doser l'oxygène, on s'assure qu'il n'y a plus de soude dans l'entonnoir, et on y met de l'acide pyrogallique, et opère de même.

Pour doser l'oxyde de carbone, il faut changer le liquide contenu dans l'eudiomètre. Pour cela, on met le robinet du bas dans l'eau, on verse de l'eau dans l'entonnoir et avec un peu de précaution on remplace tout le liquide. Cela fait, on peut doser CO par le protochlorure de cuivre ammoniacal.

On peut donc, avec cet appareil si simple, faire toutes les analyses des gaz de sucrerie.

Pour doser le gaz sulfureux, l'opération est la même en faisant absorber le gaz par une liqueur alcaline.

Enfin *Pellet* a encore exposé un appareil Rüdorff, modifié par lui pour le dosage de l'acide sulfureux (fig. 84).

L'appareil *Rüdorff* est un flacon à trois tubulures exactement jaugé.

Sur sa première tubulure, on place un robinet en verre à deux eaux, communiquant soit avec l'atmosphère, soit avec un petit tube en U contenant du mercure et servant de manomètre ; sur la seconde, on fixe une burette graduée à robinet ; sur la troisième, un tube à robinet.

L'appareil étant absolument sec, on le remplit du gaz à analyser en y faisant passer ce gaz jusqu'à ce que tout l'air soit chassé. On ferme alors les robinets en s'assurant, au moyen du petit manomètre, que l'on est bien à la pression atmosphérique.

A ce moment, on ouvre le robinet de la burette qui contient une solution de potasse ou de soude titrée. L'acide sulfureux absorbe immédiatement l'alcali et il se fait un vide relatif, surtout en agitant l'appareil. On arrête l'expérience lorsque la pression normale se rétablit, preuve qu'il n'y a plus absorption. La quantité de liqueur employée donne la quantité de SO², correspondant au volume du flacon. Une simple proportion donne le pourcentage.

MASSE CUITE ET SUCRE

Le dosage de l'eau dans la masse cuite est une opération délicate si l'on n'est pas bien outillé. De même, pour le dosage de l'eau dans les sirops, égouts, mélasse et tous liquides visqueux.

Pellet a imaginé une capsule spéciale pour ces opérations.

C'est un petit vase plat en métal de 80 à 100 mm de diamètre, avec un rebord de 10 à 12 mm de haut. Au centre, et sur un diamètre de 25 à 30 mm, se trouve une partie en creux formant une capsule intérieure haute de 3 à 4 mm. Enfin, sur un point quelconque du rebord est une échancrure pour loger un agitateur en verre qui ne doit pas quitter la capsule. Le tout est fermé par un couvercle en aluminium et porte une échancrure pour l'agitateur.

Cette disposition permet de mettre dans la capsule intérieure la matière à analyser, et sur le pourtour la substance absorbante, pierre ponce ou autre, et de pouvoir peser chaque chose l'une après l'autre dans la même capsule. Puis de faire le mélange, avec ou sans addition d'eau, de la matière à analyser et de la substance absorbante, mélange qui doit être bien fait et avec précaution, et de laisser dans la capsule la baguette qui a servi à faire cette opération.

Le couvercle pendant l'étuvage est placé sous la capsule. Après dessiccation parfaite, avant de sortir la capsule de l'étuve, on replace le couvercle dessus pour éviter l'absorption d'humidité de l'air, on laisse refroidir et pèse. Grâce à cette capsule on n'éprouve aucune difficulté dans le dosage de l'eau de quelque matière épaisse que ce soit.

Pellet a fait une longue étude sur la détermination du sucre dans la masse cuite. Il se sert pour cela de la turbine Sourdat qui est exposée également dans sa vitrine.

ANALYSE DE LA CANNE A SUCRE

Zamaron a exposé dans la vitrine de l'Association des Chimistes de Sucrerie de France un appareil pour le dosage du sucre dans la canne (fig. 85). L'opération durant un certain temps, on réunit sur un même support plusieurs appareils pour travailler sans interruption.

Chaque appareil se compose d'un petit vase cylindrique, muni d'un robinet à la partie inférieure, et sous lequel se trouve un bec de gaz.

Dans ce vase on introduit un panier en toile métallique contenant la matière à analyser, dont le sucre se dissout dans de l'eau que l'on a versée également dans le vase. Enfin, le liquide ainsi obtenu coule par le robinet dans un flacon d'un litre placé dans un bain d'eau courante pour le refroidir.

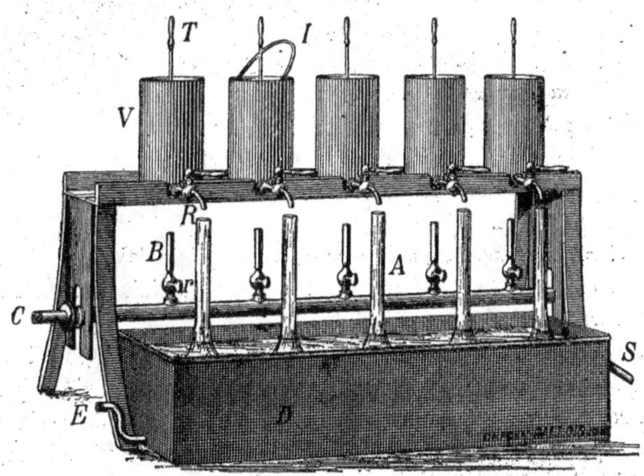

Fig. 85.

Voici comment on opère. La canne à analyser est broyée aussi fin que possible dans un mortier en fer et assez vite pour qu'il n'y ait ni évaporation, ni altération. On pèse 100 grammes du mélange et on l'introduit dans le panier et le panier dans le vase. Puis on verse dessus 200 cm³ d'eau et on chauffe à l'ébullition pendant 10 à 12 minutes. Alors on coule dans le ballon d'un litre, dans lequel on a mis au préalable un peu de sous-acétate de plomb.

On reverse de nouveau 150 cm³ d'eau sur le marc, on fait bouillir pendant 10 à 12 minutes, et soutire comme précédemment. On continue à agir de même six fois. On a alors 960 cm³ environ d'eau sucrée dans le ballon. On agite, on refroidit, on affleure et polarise. Le chiffre lu, multiplié par 0,407 donne la teneur en sucre.

Le marc pressé au moyen d'un plateau muni d'une tige, et porté à l'étuve dans son panier, donne la matière sèche, comme dans l'appareil Pellet pour la betterave.

COLORIMÉTRIE

Exposition Pellin. — Dans cette vitrine se trouve le colorimètre Duboscq.

Presque tous les colorimètres se basent sur l'aspect que présentent deux colonnes de liquide inégalement colorées, vues par un procédé quelconque par le même oculaire, et que l'on ramène à la même teinte en variant l'épaisseur. Tels sont les colorimètres Payen et Duboscq, les chromoscopes de Wentske, de Stammer, etc. C'est la différence des épaisseurs du liquide qui donne la différence inverse de coloration. C'est de l'instrument de Duboscq (fig. 86 et 87) que sont dérivés presque tous les autres ; son invention remonte à 1854.

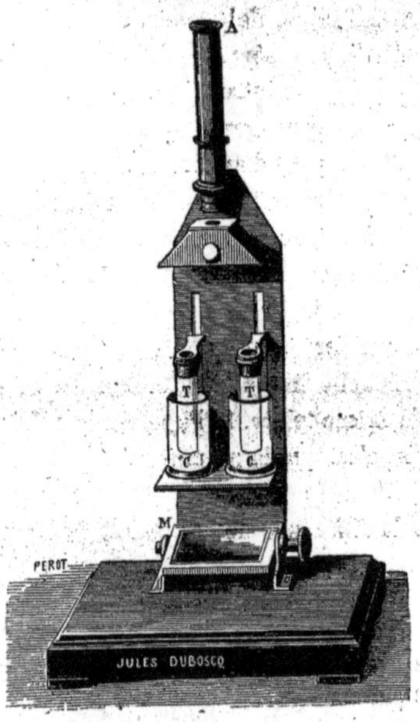

Fig. 86.

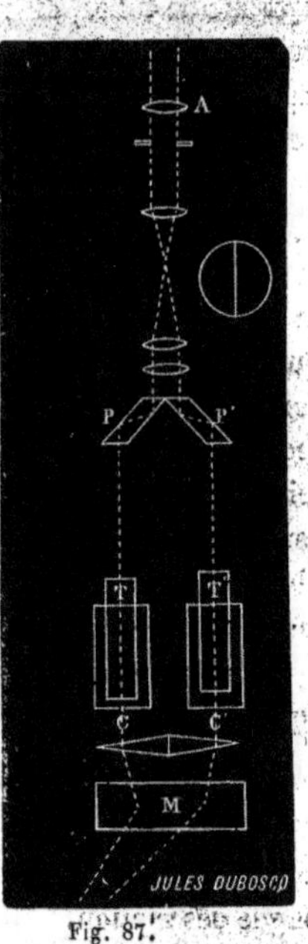

Fig. 87.

Le *Colorimètre Duboscq* se compose essentiellement de deux tubes de verre CC placés verticalement et fermés à leur partie inférieure par une glace à faces parallèles. Ils sont fixés côte à côte par leur base sur une planchette horizontale percée de deux ouvertures égales à leur propre diamètre intérieur.

Parallèlement à ces deux vases, une planchette verticale sert de support à tout le système, et est munie d'un pied. Dans chacun de ces vases pénètre un tube TT de diamètre très inférieur aux premiers, de hauteur égale mais un peu plus grande que celle de ces vases mêmes, et fermés à leur partie inférieure par un fond de glace à faces parallèles. Ces tubes portent à leur partie supérieure une monture métallique qui leur sert de support et qui glisse dans deux fentes verticales ménagées dans le support. Elles se terminent derrière cette planchette par un index à vernier se déplaçant à droite et à gauche d'une échelle verticale commune, dont le zéro est dans le milieu. Au-dessus de ces deux tubes un appareil d'optique PP' permet de rapprocher les deux rayons de lumière qui seraient projetés par un miroir réflecteur M placé en dessous du système de tubes, et traverserait ces tubes. Ces deux rayons de lumière reçus dans une lunette A présentent à l'œil de l'observateur leur égale intensité sous la forme de deux demi-disques séparés par un diamètre, comme dans le saccharimètre. Ceci posé, on introduit, dans l'un des vases à large diamètre, une liqueur normale de caramel, et dans l'autre celle que l'on veut examiner. Les tubes de petit diamètre et mobiles, qui sont vides plongent dans le liquide qu'ils déplacent, et présentent au zéro la même épaisseur de ce liquide coloré entre leur base et celle du vase qui les entoure. En approchant l'œil de l'oculaire les deux demi-disques sont alors colorés diversement. En faisant jouer un petit engrenage qui monte et baisse les tubes et leurs verniers à volonté, on ramène les teintes à l'égalité, et la lecture de l'échelle donne la différence d'épaisseur des couches de liquide ayant la même teinte. Si l'une est deux fois plus grande que l'autre, par exemple, c'est que la première est deux fois moins colorée que la seconde.

On pourra donc juger par là de la différence de coloration de deux liquides.

Exposition Jobin. — Laurent a construit un colorimètre bien connu (fig. 88) qui se trouvait dans l'exposition de M. Jobin. Il repose sur les mêmes principes que le précédent, et la figure dispense d'une plus longue description.

Exposition Pellet. — La fig. 89 représente le colorimètre Pellet et Demichel, exposé dans la vitrine de M. Pellet.

Salleron avait construit un calorimètre dans lequel on comparait sous même épaisseur un liquide type et le liquide dont on cherche le degré de coloration, et l'on y arrivait à l'égalité de teinte en mélangeant, dans l'appareil lui-même, avec de l'eau, le liquide le plus coloré. Le volume final du mélange comparé à celui du type représente le rapport de coloration des deux liquides. Dans cet appareil, l'épaisseur sous laquelle

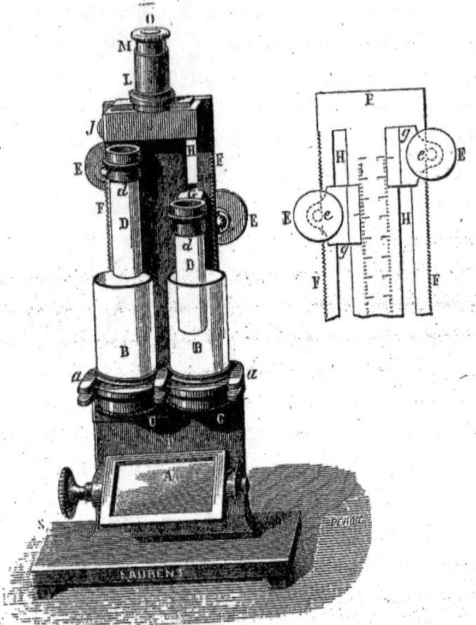

Fig. 88.

on regarde les liquides est faible, un centimètre environ. Pour les liquides très peu colorés, comme le jus de betteraves, l'observation sous une si faible épaisseur n'amène à aucun résultat.

Fig. 89.

Pellet a donc modifié l'appareil pour y observer les liquides peu colorés sous une bien plus grande épaisseur, et il a pris pour épaisseur fixe celle de 20 cm. En effet, il met le liquide type dans un tube de saccharimètre qu'il place dans l'appareil en *t*. A côté se trouve un tube, dans le genre du tube continu Pellet, portant d'un bout un réservoir ouvert E, que l'on peut fermer d'un couvercle, et de l'autre un réservoir clos R, surmonté d'un bout de tube sur lequel s'adapte un tuyau en caoutchouc muni d'une poire. Les deux tubes sont assujettis par la barrette A*a*. Une lunette OT permet de voir en même temps les liquides dans les deux tubes, et un réflecteur M, envoie la lumière du jour dans ces tubes. Le réflecteur peut être teinté en bleu pour faciliter la vision de l'égalité de teinte.

Le tube à entonnoir étant rempli d'un certain volume de liquide plus teinté que celui qui est dans le tube *t*, on ajoute dans l'entonnoir E une certaine quantité d'eau mesurée avec une pipette, puis, avec la poire en caoutchouc, on provoque un mouvement de va-et-vient du liquide dans le tube jusqu'à mélange parfait, et on regarde par l'oculaire O. On arrive par des additions d'eau successives à la même teinte de part et d'autre, et le volume final comparé au volume primitif donne l'intensité de coloration. Lorsqu'on a un liquide très coloré à comparer à un liquide clair, on commence par l'étendre de plusieurs fois son volume d'eau avant de l'introduire dans le tube, et l'on complète l'addition d'eau comme précédemment dans l'appareil jusqu'à égalité de teinte.

CONTROLE DES GÉNÉRATEURS

Les fabricants de sucre qui veulent brûler peu de charbon doivent contrôler scientifiquement la marche de leurs générateurs. C'est une vérité dont beaucoup ne se préoccupent pas assez.

Pour contrôler les générateurs, il faut : 1° Analyser les gaz de la combustion, 2° connaître à chaque instant le tirage de la cheminée, ou plutôt du dernier carneau à son entrée dans la conduite générale de fumée, 3° la température des gaz au même point.

Nous avons donné dans notre *Traité de la fabrication du sucre* (Bernard, éditeur) la théorie de ces différents points. Nous n'y revenons pas. Cependant voici le petit tableau indiqué par Gallois pour donner une idée des résultats obtenus par la bonne et mauvaise marche des générateurs. Ces résultats sont exprimés en perte pour cent de charbon, suivant la teneur en acide carbonique des fumées et leur température.

TEMPÉRATURE DES FUMÉES	TENEUR POUR CENT ACIDE CARBONIQUE										
	5	6	7	8	9	10	11	12	13	14	15
	PERTE POUR CENT DE CHARBON										
200°	27, 2	22, 6	19, 4	17, 0	15, 1	13, 6	12, 4	11, 3	10, 5	10, 0	9, 6
250°	34, 0	28, 3	24, 3	21, 2	18, 1	17, 0	15, 5	14, 2	13, 0	12, 0	11, 3
300°	40, 8	34, 0	29, 0	25, 6	22, 6	20, 4	18, 5	17, 0	15, 7	14, 5	13, 0
350°	47, 6	39, 6	34, 0	27, 2	26, 4	23, 8	21, 6	19, 8	18, 0	17, 0	15, 8
400°	54, 4	45, 3	45, 3	34, 0	30, 2	27, 2	24, 7	22, 7	21, 0	19, 4	18, 0

Ce tableau est instructif, car il montre que ceux qui se contentent de prendre la température des gaz dans la cheminée peuvent se tromper étrangement s'il ne connaissent pas la composition de la fumée. En effet avec des gaz très froids, 200° par exemple, on peut perdre 17 0/0 de charbon si la teneur en acide carbonique n'est que de 8 0/0, tandis qu'avec des gaz chauds, 350°, on peut ne perdre également que 17 0/0 si la teneur en CO^2 s'élève à 14 0/0. Les pertes sont les mêmes dans les deux cas avec des températures différentes ; donc la température n'indique rien si elle n'est pas accompagnée de l'analyse. De plus on peut avoir des gaz froids facilement en ayant un tirage exagéré ; autre raison pour ne pas se fier à la température. C'est pourquoi il faut mesurer le tirage à chaque instant pour ne pas se leurrer en regardant le pyromètre. Mais si l'on a des gaz froids et un tirage raisonnable, on n'est encore sûr de rien, car cela peut dépendre d'un mauvais chargement des grilles ou de fissures dans la maçonnerie, et l'analyse seule vous le dira.

L'Exposition nous présente quelques appareils pour le contrôle de la marche des générateurs. Une des batteries de générateurs est même munie de ces instruments qui fonctionnent continuellement.

Pour faire l'analyse des gaz l'un des points capitaux est de prendre convenablement l'échantillon, de manière qu'il représente une moyenne du travail.

Dans la vitrine des *Chimistes de Sucrerie et de Distillerie de France* Gallois a exposé l'appareil de Ridder qui répond exactement au problème de l'échantillonnage parfait des gaz ; c'est le même qui fonctionne auprès des générateurs (fig. 90).

Son aspirateur est un petit gazomètre d'une douzaine de litres, composé d'un seau plein d'eau A dans lequel plonge une cloche C équilibrée par un contrepoids. Cette cloche porte à sa partie supérieure une ouverture qui est reliée par un tube flexible avec le tuyau d'aspiration dans les carneaux des générateurs. Entre la cloche et le tuyau se trouve une petite bouteille en verre D à moitié pleine d'eau dans laquelle plonge le tuyau de gaz avant de se rendre dans la cloche. Il en résulte que le gaz barbote dans l'eau avant d'aller dans le gazomètre, et que l'on peut voir l'importance de ce barbotage et régler l'aspiration de manière à ce que le gaz n'arrive que bulle à bulle. Pour provoquer l'aspiration, on n'a qu'à charger le contrepoids de la quantité nécessaire pour obtenir l'emplissage de la cloche en un temps déterminé qui est généralement 12 heures. Au-dessus de la petite

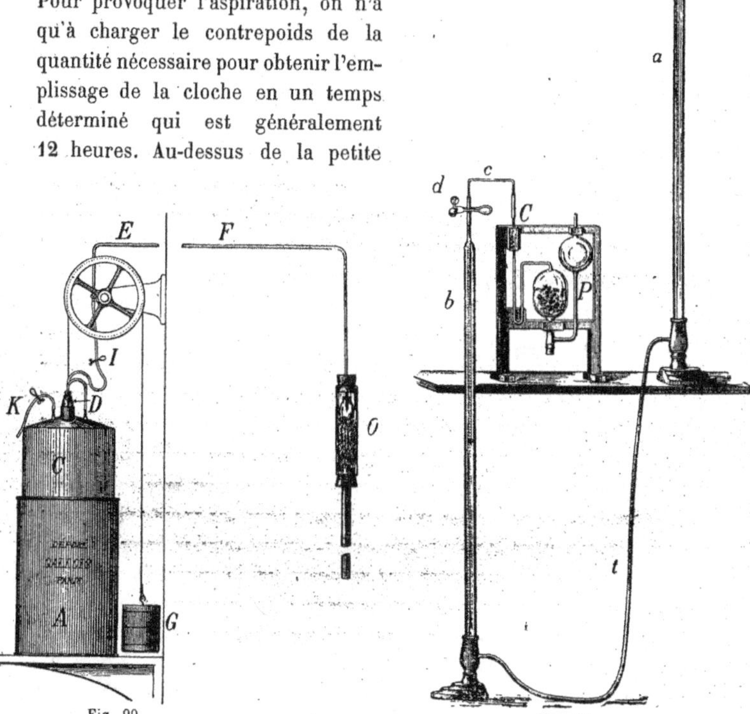

Fig. 90.   Fig. 91.

bouteille est un robinet qui sert à parfaire le réglage de l'aspiration.

On prélève donc ainsi un échantillon correspondant au travail de tout un poste de chauffeurs.

Quand on veut analyser le gaz, il suffit de fermer le petit robinet au-dessus de la petite bouteille, de soulager le contrepoids, d'ouvrir un autre robinet qui se trouve sur la cloche, et qui se termine par un caoutchouc correspondant avec l'appareil d'analyse.

L'aspirateur de Ridder contient à l'intérieur de la cloche un flotteur qui en a presque le diamètre et qui empêche le contact immédiat du gaz avec l'eau. On diminue ainsi considérablement les chances de solubilité du gaz dans l'eau.

De plus l'aspiration dans le carneau se fait au moyen d'un tube en fer percé de trous. Au-dessus du tube, à la sortie du carneau, se trouve un petit appareil *o* composé d'un tube en verre assez large, rempli de laine de verre. Cette disposition est destinée à arrêter la suie qui pourrait obstruer les tuyaux. Dans l'intérieur de ce manchon de verre se trouve en outre un petit flacon dans lequel plonge le tuyau d'aspiration, et qui est rempli de chlorure de calcium fondu pour dessécher le gaz aspiré. C'est donc du gaz sec qui se rend dans la cloche.

L'appareil qui sert à faire l'analyse du gaz peut être l'appareil Orsat, ou l'appareil Kazalowsky que nous avons décrit précédemment, ou celui de Pellet ou tout autre analogue.

Les constructeurs préconisent l'emploi de l'appareil Hempel. Cet appareil se compose de deux burettes *a* et *b* (fig. 91), reliées à leur partie inférieure par un tuyau de caoutchouc et de deux ou trois pipettes P, une pour chaque gaz que l'on veut doser dans les fumées. On aura donc une pipette pour la potasse, une pour l'acide pyrogallique, une pour le protochlorure de cuivre ammoniacal.

Ceci posé, les deux burettes *a* et *b* de 100 cm³ chacune sont l'une ouverte à la partie supérieure, l'autre surmontée d'une tube capillaire *c* muni d'une pince *d*; on les emplit d'eau à moitié en élevant *a* au-dessus de *b*, puis on fait passer l'eau de la première dans la seconde jusqu'à ce que l'eau commence à s'écouler par le tube capillaire.

A ce moment, on relie le tube *c* de la burette *a* au tube K de la cloche de Ridder, et, en abaissant la burette on détermine le remplissage complet de *b* avec le gaz à analyser. Cela fait, on ferme la pince *d*, et on coupe la communication *c*K. Puis, plaçant les deux burettes l'une près de l'autre, on ramène le niveau en *b* au zéro de la graduation. On fait partir l'excès de gaz de la burette *b*, et l'on a un volume exact de 100 cm³ de gaz à analyser.

On relie alors *b* au tube C de la pipette à potasse, et on commence l'analyse comme on le fait avec l'appareil Orsat. Quand tout le gaz carbonique est absorbé, on supprime la communication de C avec la pipette, on juxtapose les deux burettes a et b et on lit en suivant les précautions ordinaires, le tant pour cent d'acide carbonique absorbé. On continue ainsi avec les mêmes précautions sur les autres pipettes et l'on obtient l'analyse complète du gaz.

Pour la mesure du tirage de la cheminée ou des carneaux, Gallois a exposé dans la même vitrine le *Piézomètre Leurson* (fig. 92). C'est un appareil à syphon dans lequel on mesure la différence de niveau d'eau produite par le tirage. Mais il est entièrement métallique, et le niveau dans la branche ouverte est indiqué par un flotteur actionnant une aiguille équilibrée qui multiplie la différence des hauteurs et la rend plus facilement appréciable. La figure nous dispense d'en dire plus long, étant par elle-même suffisamment claire.

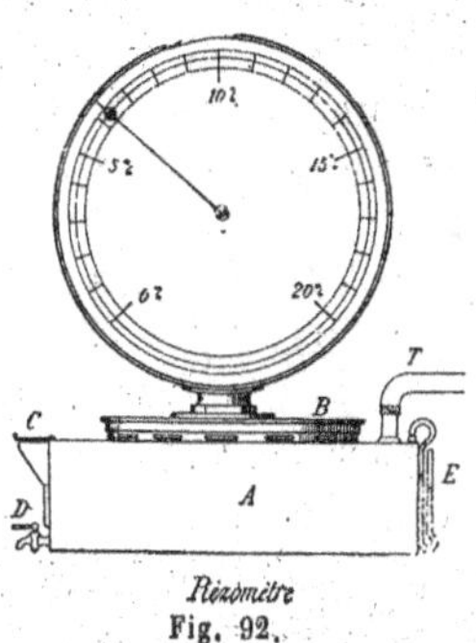

Piézomètre
Fig. 92.

Détendeurs de vapeur.

Dans les montages de générateurs, dans la distribution de vapeur des usines, on a besoin de détendre les vapeurs. L'un des plus anciens détendeurs, celui qui a servi de type à beaucoup d'autres plus modernes, et qui, cependant, est le meilleur de tous encore, est le détendeur Legat, exposé par la maison Ollivier et Cie dans la classe 21.

La fig. 93 le représente en coupe et la fig. 94 le fait voir dans son ensemble.

La vapeur entre en E sous grande pression, et sort en S avec la pression plus faible que l'on ne veut pas dépasser. Sur son parcours, elle rencontre une soupape équilibrée D qui est actionnée par une membrane métallique extensible M, au moyen de la tige F. C'est la pression la plus faible existant dans l'appareil qui actionne la membrane M, et ouvre et ferme la soupape équilibrée D, suivant le plus ou moins de vapeur nécessitée en S. Des ressorts-balances GG', placés extérieurement, et agissant également sur la soupape D, sont réglés au moyen du volant A', proportionnellement à la pression que l'on désire en S.

Il résulte de ce dispositif que, quelque grande que soit la pression de vapeur passant par la soupape, cette vapeur ne sort jamais qu'à la pression minimum désirée. En sorte, que si du côté E se trouvent des générateurs à 6 kg. de pression, et du côté S′ des serpentins à 3 kg., la soupape peut être réglée de manière à ce que la vapeur à 6 kg. se détende à 3 kg. avant d'entrer dans ces serpentins.

Fig. 93.   Fig. 94.

Cet appareil, construit avec grand soin, ne présente aucun presseétoupe, ce qui lui donne une sensibilité extrême.

Avec une légère modification que nous avons combinée avec le constructeur, cet appareil est remarquable comme *déverseur* de vapeur entre une batterie de générateurs à haute pression et une autre à basse pression.

Exposition Gallois.

La maison Gallois a construit un grand nombre des appareils que nous venons de décrire, et en a réuni divers spécimens dans la vitrine de l'Association des Chimistes des Sucreries de France. Citons entre autres :

L'appareil de Ridder, et le Piezomètre Leurson.

L'appareil Zamaron.

Le tamis de Wolff, pour la classification des sucres.

Tous les appareils Pellet : appareil pour doser le marc, couteau à lames parallèles, râpe à disque taille Keil, capsule pour le dosage de l'eau dans la masse cuite, Extracteur Pellet, Burette hydrotimétrique, burette Nugues-Pellet, appareil Rüdorff et sulficarbonimètre, etc.

Les burettes Sidersky, etc.

La maison Gallois s'est fait une spécialité des appareils de laboratoire de sucrerie. Fondée sous la raison sociale « Gallois et Dupont » elle était alors le collaborateur et le conseil de nombre de chimistes de sucreries. La maison Gallois actuelle continue à marcher dans la même voie. C'est donc à bon droit que nous lui devons cette courte notice.

Expositions diverses.

Dans la vitrine de l'*Association des Chimistes de sucrerie et de distillerie de France* (fig. 95) se trouvaient réunis tous les travaux de cette société, et divers appareils inventés par ses membres, ou employés dans nos laboratoires.

Fig. 95.

Parmi les ouvrages publiés par les membres de l'Association, citons : La collection complète du *Bulletin de l'Association* depuis 1883, date de sa fondation ; les comptes-rendus du 2ᵉ *Congrès de chimie appliquée* tenu à Paris en 1896 sous les auspices de l'Association ; le *traité de fabrication du sucre de betterave*, par Horsin-Déon, édition de 1882 et édition de 1900 ; *Le Sucre et l'industrie sucrière*, par Horsin-

Déon; le *Traité de la fabrication de l'alcool* par Dejonghe; *Les fermentations rationnelles* par Jacquemin; *Les industries du sulfate d'aluminium et de l'alun* par Geschwindt, etc., et beaucoup d'opuscules par Pellet, Barbet, et autres membres de l'Association.

Parmi les appareils exposés dans la vitrine, citons :

Les instruments de contrôle de Horsin-Déon décrits précédemment, contrôleur-mesureur de diffusion simple et double, indicateurs de vide et pression à mercure pour appareils d'évaporation ; la balance à chaine de Demichel (fig. 96) qui est si curieuse et si pratique ; la

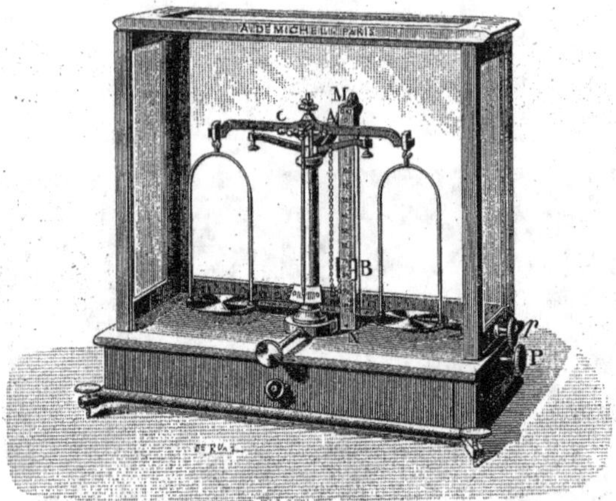

Fig. 96.

balance Collot avec microscope et micromètre pour suivre l'oscillation de la balance à la fin de la pesée ; l'appareil Zamaron que nous avons décrit pour l'analyse de la canne ; le tamis pour essais des sucres de Wolff, le carbonimètre de Sidersky ; l'électrolyseur de Dupont dont nous avons parlé ; le nécessaire de Barbet pour l'analyse de l'alcool par les phénols, etc.

L'espace avait été marchandé à l'Association, aussi sa vitrine était-elle fort petite ; mais on voit que ce qu'elle contenait suffisait pour en montrer la grande vitalité.

M. Pellet, a exposé l'ensemble de ses travaux et les appareils qu'il a inventés pour les analyses de sucrerie, dans une vitrine assez grande et cependant trop petite pour permettre d'étaler toutes ses œuvres d'une manière bien visible. L'ensemble n'en était pas moins artistiquement arrangé, et de nombreuses photographies donnaient la note gaie à cette exhibition scientifique. Malheureusement l'Administration avait été avare de place pour la classe 55, et c'est dans un couloir obscur, vaguement éclairé par l'électricité, que l'on cherchait les choses intéressantes de notre exposition scientifique française !

Une vitrine placée à côté de celle de M. Pellet contenait l'Exposition de M. Sidersky. On y trouvait ses publications en plusieurs exemplaires : *Analyse des matières sucrées*, la *polarisation et la saccharimétrie*, *Aide-mémoire de sucrerie*, etc. A l'étage supérieur de la vitrine étaient les divers appareils dont nous avons déjà décrit quelques-uns, calcimètre, carbonimètre, maltomètre et burettes diverses.

M. Aubin, directeur du laboratoire de la Société des Agriculteurs de France, expose un laboratoire modèle, où se trouvent surtout les appareils d'analyses des terres, dosage de l'azote, de l'acide phosphorique, etc., enfin tout ce qui concerne la chimie agricole, très jolie exposition qui méritait sa place dans l'énumération de celles qui se rapportent à la sucrerie.

M. Légier, le rédacteur en chef de la *Sucrerie indigène*, l'un des organes de la sucrerie française où les auteurs sont reçus avec le plus de bienveillance, a réuni dans une vitrine la collection complète de son journal déjà fort ancien, et ses ouvrages personnels, *Traité de la fabrication de l'alcool* et le *Manuel de la fabrication du sucre*.

CONCLUSION

En rendant compte de l'Exposition de 1889, nous disions : « aujourd'hui, on cherche la suppression totale des mélasses et l'extraction totale du sucre sous forme de sucre de premier jet.... Nous verrons cela assurément à l'Exposition de 1900 ».

Et l'Exposition de 1900 ne nous l'a pas montré. On a fortement modifié la fin du travail; certaines fabriques arrivent à ne sortir de l'usine que des sucres blancs, grâce à cette nouveauté décennale que l'on nomme cristallisation en mouvement. Mais on fait toujours de la mélasse.

Et la raison en est que la législation ne permet pas de faire autrement. Nous disions en effet en 1889 « la législation tient une telle place dans les progrès de la sucrerie, que nous souhaitons que les gouvernants, etc. » Cela est si vrai que dans les pays comme l'Italie, où le

gouvernement le permet, l'extraction du sucre de mélasse fait des progrès chaque jour.

Mais là n'est pas la solution du problème. Il ne faut plus faire de mélasse en sucrerie. Déjà l'électrolyse a montré que le problème n'était
pas impossible. On peut y arriver par d'autres procédés encore. Atten-
dons encore dix ans, et peut-être verrons-nous la sucrerie ne plus sortir de sucre à l'état de résidu, mais extraire tout celui que contient la
betterave, ou la canne, et ce sera un grand progrès industriel.

Dans les dix années écoulées, le matériel de sucrerie a subi de nombreuses modifications. Peu importantes du côté de la diffusion, nous
voyons le principe de la carbonatation continue faire son chemin comme
nous le souhaitions en 1889. La sulfitation s'est répandue partout. L'évaporation à nombreux effets multiples avec réchauffeurs est adoptée dans
presque toutes les usines. Enfin la cuite méthodique et les malaxeurs se
généralisent un peu partout.

Mais un progrès considérable dans le matériel, et qui tend même à
changer l'aspect des usines, c'est l'emploi du transport de force par
l'électricité. Les innombrables machines à vapeur qui encombraient nos
ateliers tendent à disparaître. Bientôt nous ne verrons plus dans les sucreries qu'un seul centre électrique, et des électromoteurs à tous les
postes qui peuvent se grouper, ou même à chaque machine séparée,
pompes centrifuges et autres engins. On parlait autrefois beaucoup de
la machine-centrale unique. La voilà trouvée, mais sous une forme inat-
tendue par les promoteurs de cette idée d'il y a vingt ans.

Nous ne pouvons deviner de quel côté marchera encore le progrès.
Mais ceux que nous voyons réalisés dans les dix années écoulées sont
d'un bon augure pour l'avenir. Souhaitons de pouvoir en dire autant
en 1910, si nous avons encore alors une Exposition Universelle.

Courbevoie. — Imprimerie E. BERNARD et Cⁱᵉ, 14, rue de la Station.
Bureaux à Paris : 29, quai des Grands-Augustins.